대한민국에서
학부모로 산다는 것

대한민국에서
학부모로 산다는 것

박성수(교육평론가) 지음

어느 축구나라 이야기

다음은 파파 스머프가 들려준 이야기입니다.

어느 축구나라가 있습니다. 이 나라에서는 축구 잘하는 것을 최고로 여깁니다. 민주공화국이 들어서기 전 왕조 시절에 고위 관료를 축구로 선발했던 과거제도의 영향이라고 보는 분석도 있습니다. 국가가 인정하는 축구선수가 되면 부와 명예뿐 아니라 권력도 갖게 됩니다. 국가대표 선수가 되면 국회의원이나 장관은 '따 놓은 당상'입니다. 그 밖에 전문직이나 대기업 등과 같은 인기 직장도 축구 실력이 좌우합니다. 이렇다 보니 대학도 축구 실력으로 신입생을 뽑습니다.

축구선수가 되는 것이 너무도 중요하고 경쟁이 치열하다 보니 축구선수를 선발하는 방식은 아주 민감하고 첨예한 쟁점이 됩니다. '공을 잘 찬다'는 것은 추상적이고 주관적이기 때문에 평가하기도 어렵고 객관적으로 순서를 정하기도 어렵기 때문입니다. 특히, 대학 입시에서 한 세대 40만 명의 고등학생 전체를 축구 잘하는 순서대로 줄을 세우기는 여간 어려운 일이 아닙니다.

그래서 정부는 고민 끝에 축구를 잘하는 데 도움이 된다고 생각되는 허벅지의 굵기로 선발하는 제도를 마련합니다. 허벅지가 굵을수록 달리기도 잘하고, 공도 멀리 찰 거라는 기대도 있고, 실제로도 여러 사례가 그러했습니다. 축구를 잘하는 선수들을 보면 많은 경우에 허벅지 둘레가 굵었습니다.

일단 허벅지 굵기로 선발하기로 하자 학교에서는 온통 허벅지 근육을 키우는 데만 몰두하게 되었습니다. 허벅지 근육을 키우기 위한 훈련법이 핵심 교과목이 되었습니다. '앞 근육 키우기', '뒷 근육 키우기', '옆 근육 키우기' 등입니다. 학교 앞에는 허벅지 근육을 키워주는 학원이 번성합니다. 돈이 많은 가정은 비싼 트레이너를 고용합니다.

정부는 허벅지 근육의 두께를 정확히 재는 최첨단 측정도구를 개발해 보급했습니다. 아주 객관적이고 표준화된 측정 도구입니다. 측정 절차, 위치, 방법 등에 대한 상세한 규정을 마련했습니다. 워낙 경쟁이 치열하다 보니 0.00001mm도 석차에 영향을 주었습니다. 모든 고등학생의 허벅지는 9단계로 등급이 매겨집니다.

출세의 등용문인 축구선수를 허벅지 굵기로 선발하니 허벅지 굵기가 곧 출세의 수단이 되었습니다. 허벅지 굵은 순서로 좋은 직업을 갖고 사회적 특권층이 됩니다. 무엇보다 최고의 영예는 축구 국가대표가 되는 것입니다. 국가대표 선수도 당연히 허벅지 굵기로 뽑습니다. 국가대표를 마치면 대부분 국회의원이나 장관이 됩니다. 국가대표가 되는 것은 한마디로 축구나라에서 용이 되는 것이지요. 당연히 경쟁이 매우 치열합니다.

그렇다고 축구나라의 국제대회 성적이 좋은 것은 아닙니다. 허벅지 굵다고 공을 잘 찬다는 보장은 없나 봅니다. 웬일인지 국제대회 성적이 영 신통치 않습니다. 영국에서 개최되는 〈2022 THE 세계 축구대회〉에서 제일 잘하는 국가대표 성적이 세계 54위에 불과합니다. 이렇게 낮은 성적에 대해 비난이 쇄도합니다. 선수들이 실전에서 공을 잘 못 차기 때문입니다. 가장 큰 원인으로 지목되는 것이 선수 선발을 잘 못한다는 것입니다. 어떤 이는 축구에서는 주력이 중요하니 달리기 실력으로 뽑자고 하고, 어떤 이는 멀리 차기로 뽑자고 하는 등 다양한 대안이 제시되었습니다.

한편에서는 운동장에서 실제 플레이하는 것을 종합적으로 살펴서 선발하자는 주장이 강하게 제기되었습니다. 실제 경기력을 알 수 없는 허벅지 굵기 대신에 패스 능력, 드리블 능력, 전술이해 능력, 슈팅 능력 등을 종합적으로 보자는 것으로 축구 전문가들에게 상당한 지지를 받고 있습니다. 잠깐 외국인 감독을 영입했을 때 이런 방식을 도입했고 세계 4위에 드는 성과를 거두기도 했습니다.

그런데 선수 선발에서 전직 국가대표 선수가 자기 자녀를 잘 봐 달라는 청탁 사건이 발생하게 됩니다. 이제 사회적 특권을 갖고 있는 유명 축구선수 출신들이 선수 선발에 영향을 미칠 수 있다는 공정성 논란이 불거집니다. 객관적이고 공정하게 선발하는 제도가 필요하다는 여론이 빗발치게 되었고 결국 다시 허벅지 굵기를 재는 선발 방식으로 돌아가게 됩니다.

이 축구나라와 달리 이웃나라에서는 축구선수가 많은 명예와 보상을 받는 직업이긴 하지만 그렇다고 특권을 갖는 정도까지는 아닙니다. 어릴 적부터 축구를 좋아하는 아이들이 자연스럽게 축구선수가 됩니다. 각 팀의 선발 담당관들이 실전에서 공을 차는 모습을 보고 선수를 선발합니다. 가끔 은퇴한 축구선수 자녀가 뽑힌다는 비난도 있지만 전적으로 선발을 담당한 사람들을 신뢰합니다. 그렇다고 성적이 저조하지 않습니다. 〈2022 THE 세계 축구대회〉에서 세계 2위를 비롯해 10위 안에 드는 축구단이 무려 8개나 됩니다.

축구나라는 여전히 시끄럽습니다. 허벅지 굵기는 축구 실력과 무관하다는 둥, 축구에 적성과 소질이 없는 사람이 뽑힌다는 둥, 부자들에게 유리하다는 둥…….

가장 큰 문제는 앞으로 허벅지 근육이 크게 필요치 않은 일에 종사할 사람들도 허벅지 굵기를 키우는 훈련에 동참할 수밖에 없다는 것입니다. 화가도, 피아니스트도, 작가도, 가수도, 자영업자도, 회사원도 모두가 허벅지 굵기를 늘리려고 합니다. 일단 학교에서 허벅지만 훈련시키기 때문이고, 허벅지가 굵지 않으면 불성실하거나 무능력하다는 사회적 인식이 너무 강하기 때문입니다. 나아가 그 사회에서는 허벅지 등급이 사회적 지위, 위신, 그리고 계층을 결정하기 때문입니다. 그래서 그런지 어떤 이는 자기 허벅지 등급을 속여 빈축을 사기도 합니다.

최근에 부상하는 문제는 '돈이 허벅지 굵기를 좌우한다'는 비판입니다. 나라에서는 허벅지 굵기를 키우는 데 모두가 공정한 기회를 갖는다고 생각하고 있으나, 어릴 적부터 좋은 영양 상태나 전문 트레이너를 고용할 수 있는 능력이 중요하게 작용하는 것이 현실입니다. 진짜 부자들은 외국에 가서 따로 훈련하기도 합니다.

이렇게 저렇게 시끄럽기는 하지만 오늘도 여전히 축구나라 교실에서는 '허벅지 굵기가 인생을 바꾼다!'라는 구호를 열심히 제창하고 있다고 합니다.

2022년 8월

박성수

| 차례 |

3장 | 가는 길은 알고 가야 한다

4장 | 학창시절에 공부 잘하셨나요?

———

———

이제 부모 노릇은 겁나고, 불안하며,
양심에 걸리는 고민거리가 많은 일이 되었다.

_ 버트런드 러셀(Bertrand Russell)

———

1장

학부모로 산다는 것

대한민국 학부모들은 지금

이들이 사는 곳은 대개 서울의 강남입니다. 이 학부모들은 유명하거나 돈이 아주 많습니다. 아이를 어릴 적부터 사립초등학교에 다니게 합니다. 중학교부터는 해외 유학을 보냅니다. 멀리 보내기 싫은 부모들은 제주도나 다른 지역의 국제학교로 보냅니다. 학비가 1년에 수천만 원 들지만 전혀 문제가 되지 않습니다. 대단한 집안의 잘난 아이가 보통 아이들이랑 똑같은 교실에서 공부할 수는 없는 노릇이지요. 끼리끼리 어울려야 하니까요. 대학은 당연히 유학을 보냅니다. 그중에서도 미국 대학을 많이 선호합니다. 해외에서 적당히 폼 나는 대학 간판을 따게 하고, 나중에 사업을 물려주면 되는 거지요. 일찍이 공부에 소질이 없을 것 같으면 예체능으로 방향을 잡습니다. 고가의 레슨도 문제없으니 충분히 뒷바라지를 할 수 있습니다.

또 다른 형태의 학부모들이 사는 곳은 서울의 강남이나 목동입니다. 부모의 직업은 의사나 변호사 또는 대기업 임원입니다. 교수일 수도 있습니다. 이들은 좋은 대학을 나와서 이른바 한국 사회에서 출세를 했습니다. 사회적 지위와 네트워크가 아주 좋습니다. 주로 학연에 의해 내로라하는 사람들과 폭넓은 사회적 네트워크를 갖고 있습니다. 아이는 당연히 특목고에 가야 합니다. 엄마 아빠처럼 일류 대학을 나와야 합니다. 부모의 사회적 체면 때문이기도 하고 아이의 장래를 위해서이기도 합니다. 아이는 특출한 개성이 있는 것도 아니니 평범하게 부모의 뜻을 따릅니다. 부모는 아이를 조기 유학 보낼까, 하다가 그냥 국내 경쟁에 뛰어들기로 합니다. 평범한 수준의 해외대학 출신은 별로 안 알아준다는 소문 때문입니다. 아이는 한국에서 당연히 돌아야 하는 학원 뺑뺑이에 익숙해집니다. 부모도 아이들이 정신없이 학원을 오갈 때 운전사 역할을 하느라 덩달아 바쁩니다. 원래 그렇게 살아온 자연스런 삶의 일부처럼 말이지요. 주변 사람들이 다 그러니 그게 당연한 세상입니다. 부모의 기대는 의사나 변호사입니다. 사교육비로 매달 수백만 원씩 지출하지만 문제가 되지 않습니다. 사교육의 효과를 강하게 믿고 있습니다. 학교는 내신 때문에 다니는데 최근에는 수행평가다, 학교생활기록부다 뭐다 해서 아주 짜증나게 한다고 정부를 성토하고 있습니다. 이들은 학생부종합전형을 싫어합니다. 공정하게 '그냥 시험으로 딱딱 정하면 되는 거지'라는 생각입니다. 소득이 높으니 국가장학금을 받지 못합니다. 그런데 이런 아이들이 서울대학교를 비롯한 세칭 '일류 대학'에서 점점 늘어나고 있습니다. 이에 대해 우리 사회는 이상하리만큼 별다른 문제제기를 하지 않습니다. 이 아이들이야말로 열심히 공부해서 객관적이고 공정한 성적경쟁에서 승리한 인재로 보기 때문입니다.

이번에는 서울이든 지방이든 괜찮은 소득과 안정적인 직업을 갖고 있는 부모입니다. '자식 공부를 잘 시켜야 한다'는 강한 의지와 '공부를 잘하면 뒷바라지를 열심히 하겠다'는 교육관을 갖고 있습니다. 특목고를 보내야 하는데 공부가 힘에 부칩니다. 열심히 학원을 보내보지만 성적은 그저 그렇습니다. 그래서 강남으로 이사를 가기도 합니다. 강북의 아파트를 전세 내주고 강남의 아파트에 전세로 삽니다. 자식을 위한 큰 용단입니다. 주변이 다 그러하듯이 열심히 학원에 보내고 있습니다. 목표는 서울대학교를 비롯한 명문 대학입니다. 부모 정도 또는 부모 이상의 삶을 살려면 그런 대학을 나와야 한다는 믿음이 강합니다. 사교육비에 아낌없이 투자하고는 있지만 부담이 가는 것도 사실입니다. 그나마 아이가 학원 뺑뺑이를 잘 견뎌주고 있어서 다행입니다.

서울이나 지방에서 그런대로 사는 학부모가 있습니다. 자녀가 공부를 잘 하길 바라지만 그렇다고 자식에게 모든 걸 다 걸지는 않습니다. 부모의 사회적 지위나 체면 때문에 아이가 공부를 잘하기를 바라는 것은 아닙니다. 어느 정도 공부해서 괜찮은 직장을 잡고 살았으면…… 하는 평범한 기대를 갖고 있습니다. 바라긴 하지만 변호사,

의사, 교수 같은 꿈은 강요하지는 않습니다. 자연히 아이에게 공부 압력은 크지는 않습니다. 그러나 부모로서 아이가 공부를 잘했으면 하는 마음은 여전합니다. 가끔은 공부 잔소리를 합니다. 학원은 잘 가는지, 공부는 제대로 하는지 염려는 됩니다만 그렇다고 뾰족한 방법은 없습니다. 개중에는 공부를 잘하는 똑똑한 아이가 있습니다. 지방의 고등학교는 그래도 내신에 유리한 면이 있습니다. 공부를 잘하고 똑똑하니 학교생활도 잘하고 자연히 학교생활기록부가 충실하니 좋은 대학에 진학하게 됩니다. 그런데 그런 아이들의 수는 점점 줄어들고 있습니다.

이 부모들의 직업은 불안정하고 소득이 어려운 편입니다. 아이가 잘되기를 바라는 부모 마음은 다 같지만 언감생심 큰 꿈을 갖게 할 자신이 없습니다. 일류 대학은 사교육비를 충분히 투자할 수 있는 서울 강남의 이야기로만 생각하고 있습니다. 동네 학원 보내기도 빠듯합니다. 아이도 큰 꿈을 갖지 않는 경우가 많습니다. 아이가 공부 적성이 없으면 직업계 고등학교로 보내거나 전문대학에 진학해 취업을 생각합니다. 부모는 물려받은 재산이 없고 그렇다고 공부를 특별하게 잘한 것도 아니어서 어렵게 살고 있는데, 그 자녀 역시 마찬가지입니다. 그래도 열심히 일하고 그 대가로 웬만큼 살 수 있기를 바랍니다. 아주 드물게 하늘의 선물처럼 똑똑한 아이가 나타납니다. 부모가 모두 일용직 노동을 하는 아이가 있습니다. 그 아이는 영특하고 공부도 잘하니 시골 학교에서 영재 소리를 듣게 되었습니다. 그야말로 타고난 진주입니다. 학비 부담을 줄이려고 과학고를 거쳐 마침내 카이스트(KAIST)에 진학했습니다. 앞으로 훌륭한 과학자가 될 것입니다. 우리 공교육 시스템을 통해 '개천의 용'이 나온 격이지요. 그런데 이런 아이들이 몇 명이나 될까요? 갈수록 찾아보기 힘든 사례입니다.

또 다른 유형의 학부모들입니다. 부모의 형편이 정말 어렵습니다. 나라의 지원 없이는 살기 어렵습니다. 부모도 아이도 하루가 고역이라 꿈은 사치입니다. 부모는 아이에게 공부하라는 잔소리조차 하지 못합니다. 학원도 보내지 못합니다. 기술이나 배워서 제 앞가림을 할 수 있기를 바랄 뿐입니다. 아이는 눈치 빠르고 손재주도 있고 사교성도 좋습니다. 그러나 자랑할 만한 것이 없으니 자신감이 없습니다. 가난하고 공부도 못한다고 학교에서는 무관심이고 심지어 '문제아'라고 생각합니다. 대부분 괜찮은 환경에서 자란 선생님들은 이런 상황을 잘 이해하지 못합니다. 어떤 아이들은 제 살길을 찾아 기술을 배우거나 그래도 공부를 하거나 합니다. 어떤 아이들은 어른들의 그릇된 기대가 현실이 되어 진짜 문제아가 됩니다. 이 아이들이 다시 부모가 되었습니다. 상황은 되풀이됩니다.

학부모로 산다는 것[1]

아이가 태어날 때 얼마나 감격스럽습니까? 얼마나 예쁜지 모릅니다. 이 세상 무엇과도 바꿀 수 없는 보배입니다. 돌아보면 부모도 아이도 행복한 시간입니다. 열심히 기저귀를 갈아주다 보니 어느덧 초등학교 취학통지서를 받게 됩니다. '젖병과 쪽쪽이를 빨던 아이가 벌써 커서 학교에 가는구나!' 감회가 참 새롭습니다. 아이를 다 키운 부모도 아이의 초등학교 입학 시절을 돌아보면 흐뭇한 미소가 떠오릅니다. '그때는 말도 참 잘 들었는데……. 올망졸망 우리 아이 어떻게 키울까? 커서 무엇을 시킬까? 희망으로 가슴이 부풀었었지.'

아이의 초등학교 입학은 학교라는 공적 공간에서 12년 동안의

---

1 '부모' 또는 '학부모'라는 용어가 여러 형태의 가정이 있어 편향적일 수 있지만 일반적인 용례에 따라 사용하고자 하며, 다양한 가정 유형 또는 보호 형태를 소홀히 하는 것이 아님을 밝혀둡니다.

새로운 삶의 시작을 의미합니다. 이 12년 동안 아이의 삶은 어떠해야 할까요? 초·중·고, 12년 동안 긴 고생길을 바라는 부모는 없습니다. 부모라면 누구나 아이가 재밌고 행복하게 성장하길 바랍니다. 행복한 어린 시절과 꿈 많은 청소년 시절을 보내길 바랍니다.

부모의 삶은 어떠할까요? 학부모로 산다는 것은 인생의 보람이자 인생의 가장 중요한 소명 중 하나입니다. 한편으로는 당황스럽기도 하고 불안하기도 합니다. 아이의 불안은 막연한 불안이지만 부모의 불안은 예견된 불안입니다. 길고 긴 사교육의 강을 마주한 불안입니다. '아이를 어떻게 교육시켜야 하지? 잘 할 수 있을까?' 부모는 아이에게 책임감과 열정을 다 쏟아붓습니다. 교육전문가가 되어갑니다. 초등학교 때는 뭘 하고, 중학교 때는 뭘 하고, 입시제도가 언제 바뀔 예정이니 그에 맞추어서 어떻게 공부를 해야 하고 등에 촉각을 곤두세웁니다. 그러다 보니 어느새 사교육전문가입니다.

30대부터 40대를 거쳐 50대까지 학부모 시절은 뒤돌아볼 새도 없이 열심히 일하고 경력도 쌓는 때입니다. 동시에 아이 교육도 시켜야 하는 바쁜 때입니다. 길고 긴, 그러나 어느새 훌쩍 12년이 지나면 고등학교를 졸업합니다. 어느덧 부모는 은퇴할 날이 다가오고 그렇습니다. 지나고 나면 세월 참 빠릅니다. 자녀의 진로에 아쉬움이 많은 부모가 대부분이겠지만 그래도 홀가분합니다. 바로 이때부터는 교육에 대한 불만을 다 잊어버린다죠? 이제 교육은 남의 문제가 됩니다. 자녀를 대학에 보내놓고 나서야 부모는 조금 살만 합니다. 여유롭게 카페에서 친구들도 만나고 홀가분하게 여행도 떠납니다.

학부모로서 아이를 키우는 인생의 황금 같은 시간을 행복하게 보내고 싶은 것이 모두의 소망입니다. 그러나 우리의 현실은 그리 녹녹지 않습니다. 공부를 웬만큼 해야지, 하게 되면 사교육 광풍을 피해갈 수 없고 공부를 못하면 속이 상하지만 그래도 희망을 품고 역시 사교육에 휘말리게 됩니다.

공부, 공부! 성적, 성적!

이렇게 외치다가 아이도 부모도 황금 같은 시간이 다 지나가 버립니다. 한 번뿐인 소중한 삶, 부모는 학원비 대다가, 아이들은 학원 뺑뺑이 돌다가 참 아까운 시간이 지나가 버립니다. 웬만한 소신 없이는 이 소용돌이에서 빠져나오기가 쉽지 않습니다. "1시간만 더 공부해! 1점만 더 따!" 대신에 "읽고 싶은 책이나 실컷 읽어!"라고 말할 수 있는 것은 엄청난 용기입니다. 그렇게 죽어라 공부해도 성공하는 사람은 2등급까지 해서 11% 정도밖에 안 되는 것이 냉혹한 현실입니다.

치열한 열전을 치르고 난 후, 이제는 거울 앞에 선 중년이 되어 조금 후회도 합니다. 그렇게 애를 닦달하지 않아도 되었을 텐데, 하는 아쉬움이지요. 그러나 결과가 어떻든 부모로서 최선을 다했습니다. 매년 새봄에 새롭게 학부모가 되는 부모들도 그렇게 최선을 다합니다. 그러나 이런 선의의 노력이 고통으로 다가오는 현실이 문제겠지요.

어디서부터, 무엇이 잘못된 것일까요? 내 자식 잘 가르쳐서 보란 듯이 잘 살게 하겠다는 부모의 욕심이 잘못인가요? 아니면 우리의 공교육 수준이 뒤따라가지 못하는 것일까요? 자꾸 바뀌는 교육정책 탓인가요? 학부모로 산다는 것은 이런 문제를 고민하며, 자식에 대한 기대와 불안을 갖고 12년의 세월을 보내는 것입니다. 그러나 시간이 너무나 빠르게 지나갑니다.

자식 자랑은 팔불출

'자식 자랑은 팔불출'이라고 합니다. 이 말은 '제발 자식 자랑 좀 하지 마라'라는 뜻이겠지요. 자랑하는 사람은 신이 나겠지만 자랑질 당하는 사람은 내색도 못하고 속이 쓰리니까요.

같은 과 직원이 자신의 자녀가 지방의 유명한 자사고에 합격했다고 자랑질입니다. 뭐 자사고야……. 3년 뒤에 다른 근무지에서 다시 만났더니 이제는 아이가 서울대학교 갔다고 자랑질입니다. '당신도 못 간 서울대학교 갔네요!' 하는 의기양양. '꿀릴 것 없다, 이제' 하는 자신감. 서울대학교를 갔다는 자랑질도 모자라 아이에 대해 입에 침이 마르도록 자랑이 늘어납니다. 공부는 스스로 알아서 다 했다느니, 글을 잘 쓴다느니……. 그래서 기꺼이 그에게 커피 사는 기회를 주었습니다.

어느 날은 고등학교 졸업하고 37년 만에 처음으로 동창을 만났는데 아들이 서울대학교 로스쿨을 나와 변호사 시험에 합격했다고 자랑질입니다. 시골 마을에 현수막이 걸렸다느니, 자손이 잘되면 조상의 키를 크게 한다느니 등……. 자식이 잘되니 조상까지 체면이 섰다는 말입니다. 동창생에게 비법이 뭐냐고 물었습니다. 그랬더니 자기는 잘 모르고 아내가 다 알아서 했다는 것입니다. 아빠는 돈 대고 엄마는 학원 스케줄 열심히 관리했다는 뜻이겠죠?

저는 나름의 철학이 있으니 배가 아프더라도 참을 만했습니다. 그런데 한편으로 드는 생각이 '얼마나 많은 부모가 자식 자랑을 할 수 있을까?'였습니다. 많지는 않을 것입니다. 큰 자랑은 4% 정도, 보통 자랑까지 하면 많아야 11% 정도겠지요. 자랑질은 12년 인고의 세월을 보낸 것에 대한 보답입니다. 참을 수 없는 자식 자랑! 학벌경쟁에 성공한 부모는 "우리 아들딸이 서울대학교 나왔다!"고 평생 자랑하고 살 것입니다. 마치 부모 인생이 성공한 것처럼 말입니다.

그럼 나머지 부모들은 자식 농사 실패인가요? 인생의 길고 짧은 건 가봐야 압니다. 성공과 실패의 기준을 어디에 두느냐에 따라 다릅니다. 각자가 자기 인생을 사는 것입니다. 공부 좀 잘했다고 사회에 해악을 끼치는 사람과, 묵묵히 자신의 일터를 지키며 가족을 위해 성실하게 사는 삶을 어떻게 비교할 수 있을까요? 산업화 시대에 명문대 나와서 취직 잘하고 출세한 자식이 시골 부모를 외면하는 스토리는 시골의 흔한 이야깃거리였습니다.

그렇다고 공부 잘하는 것을 폄훼하는 것은 아닙니다. 우리 사회의 인재를 잘 길러낸 부모는 칭찬과 존경을 받을 만합니다. 우리 사회를 위해 기여하고 봉사하는 엘리트라면 말입니다. 권력과 특권을 추구하는 것이 아니라 서민대중을 위해 전문성을 발휘하고 헌신한다면 모두의 존경을 받아야 합니다. 공부 잘해서 한 자리를 꿰차는 것이 아니라 우리 사회 공동체를 위해서 얼마나 기여를 했느냐가 성공의 척도이고 존경의 대상이 되어야 합니다. 그런 면에서 굳이 인생이 꼬인 서울대학교 출신의 빌런을 탄생시킨 〈오징어 게임〉의 작가는 우리 시대의 성공에 대해 의미 있는 질문을 던지고 있습니다.

어쨌든 자식을 자랑할 때는 다른 사람의 안색도 잘 살피고, 배 아픈 병 치료하라고 밥 사고 커피도 사야 합니다. 꼭요!

1%의 희망과 현실

아기를 낳으면 정말 눈에 넣어도 안 아플 것만 같습니다. 얼마나 예쁘고 귀엽고 사랑스러운지요! 옹알이만 해도 '엄마'라는 말을 벌써 배운 천재 같고, 좀 더 커서 몇 글자만 배워도 영재가 아닐 수 없습니다. 이렇게 소중하고 사랑스럽고 게다가 똑똑하기까지 한 아이의 미래에 대한 부푼 소망과 기대를 갖는 것은 당연한 일입니다.

아이에 대한 소망은 보통 장래에 진학할 대학으로 모아집니다.

"아이구, 이렇게 똑똑하니 서울대학교 가겠네!"

그러나 현실은 이런 꿈을 하나씩 접어가는 게 자식 키우는 일입니다. 우스갯소리로, 자라면서 마시는 우유가 '아인슈타인 우유 → 서울 우유 → 연세 우유 → 건국 우유' 순서로 바뀐다고 하지요.

부모로서 한 번쯤은 우리 아이가 똑똑하게 성장해 좋은 대학, 특히 국내 최고 대학으로 인정받는 서울대학교에 가는 꿈을 꿔봅니다. 저도 중학교 때 서울대학교라는 이름을 처음 들은 때가 생각납니다. 백과사전 전집을 파는 방문 판매원이 서울대학교를 가려면 이 정도는 읽어야 한다고 설득하자, 없는 살림에도 선뜻 비싼 책을 구입하셨던 어머님 생각이 납니다. 사교육이 없던 70년대 시골 이야기입니다만 사교육이 학부모를 설득하는 핵심 메타포(metaphor)는 예나 지금이나 같습니다. 자식에 대한 부모의 사랑과 기대를 이용합니다.

오늘날 학부모들은 좋아진 경제 사정만큼이나 아이들 교육에 대한 투자 의지가 매우 강합니다. 자식을 위한 것인데 무엇을 아끼겠습니까? 초등학교 입학 때부터 아이들을 이렇게 저렇게 교육시켜야겠다는 꿈과 비전을 갖게 됩니다. 대학 입시를 치를 때까지 로드맵을 구상하는 것이지요. 아쉬운 건 이 로드맵이란 게 결국 사교육 투자 계획표입니다. 열혈 학부모들의 희망 종착지는 서울대학교입니다. 조금 양보해서 연고대 정도입니다. 이런 소망은 가치가 있습니다. 그러나 이를 위한 부모와 자녀의 희생과 고통, 그리고 사회적 손실이 너무 크기 때문에 이런 소망에 대해 냉철하게 생각하게 됩니다.

딸아이가 초등학교에 입학할 즈음엔 저도 나름의 기대감이 있었습니다. 열심히 교육시켜야지, 했습니다. 매일매일 글쓰기와 책 읽기 숙제를 내주기도 하고요. 그런데 초등학교 입학식 때 운동장에 가득한 아이들을 보면서 갑자기 불안한 느낌이 들었습니다. 이 많은 아이들 중에 몇 명이나 서울대학교를 갈 수 있을까? '아는 게 병'이라고 문득 우리나라 초등학교 수가 6천여 개가 된다는 생각이 떠올랐습니다. 정부 교육통계에 의하면 2020년 기준으로 6,120개교가 있습니다. 서울대학교 입학정원이 약 3,300명 정도이니 단순 통계로는 초등학교 1교당 1명도 서울대학교에 들어가지 못합니다. '이 많은 아이들 중에 서울대학교에 갈 아이가 1명도 나오기 힘들겠구나' 하는 생각이 드는 순간부터 제 아이의 미래에 서울대학교를 운운하지 않기로 했습니다.

서울대학교 입학정원은 3,300명이고 초등학교 수가 6,120개교이니 단순 평균하면 1.85개 초등학교마다 1명씩 서울대학교 합격자가 나옵니다. 대략해서 초등학교 2개 당 1명씩입니다. 낙타가 바늘구멍 들어가는 것보다는 쉽겠지만 참 어려운 일입니다. 좀 더 현실적으로 규모가 작은 초등학교를 빼고, 학생 수 300명 이상 초등학교 2,914개를 기준으로 보면 1.13개 초등학교당 1명씩 합격자를 배출할 수 있습니다. 평균적으로 서울대학교 합격자는 한 초등학교에서 1명 정도 배출하는 것으로 보는 것이 적절한 분석입니다. 초등학교 1교당 서울대학교 입학생 1명! 이것이 현실입니다. 나머지 3천여 개의 소규모 학교에서는 1명도 배출하지 못한다는 전제에서 그렇습니다. 소규모 학교에서도 당연히 가능성이 있으니 결국은 한 초등학교에서 1명 배출하기도 어렵습니다.

이번에는 인구 통계적으로 살펴보겠습니다. 2000년 출생자는 634,501명. 서울대학교 입학 가능성은 0.52%에 불과합니다. 2002년생은(492,111명) 0.67%, 2022년에 초등학교에 입학하는 2015년생은(438,420명) 0.75%입니다. 최초로 30만 명대에 진입하는 2017년생은

(357,000명) 0.92%로 높아지고, 2020년생은(275,815명) 1.19%로 크게 올라갑니다. 이제 걸음마를 시작하는 2020년생은 2000년생에 비해 두 배나 높은 확률로 서울대학교에 들어갈 수 있습니다. 어쨌거나 서울대학교는 0.5% 또는 1%의 승자가 들어갈 수 있습니다.

이렇게 1%는(서울대학교), 3%로(SKY), 그것도 아니면 10%라도(in 서울)를 외치며 달려가는 것이 코로나19 시대에 태어난 2020년생의 미래입니다. 0.5% 또는 1%를 향한 달리기를 시작할 것인가는 부모의 선택입니다. 달리기를 하겠다면, 시간과 정열, 그리고 무엇보다 돈을 쏟아부어야 하겠지요. 거기에는 아이의 불안과 좌절, 때로는 배타적 우월감이 부가 비용으로 따르기도 할 것입니다.

애타는 부모 마음

후배와 나눈 대화입니다.

"선배님, 우리 애가 초등학교 들어갔는데, 지방에서 공부시켜서 될는지 걱정입니다. 강남 애들은 영어 유치원이니 조기 유학이니 난리라는데요. 지방은 학원도 별로고요."

"애가 어느 분야든 재주가 있다면 제 능력이 나타날 거야. 너무 조급히 맘먹지 말고, 나이에 맞게 잘 크는 게 중요하지."

"공부든 뭐든 성공하려면 부모 뒷바라지가 관건인데 다른 사람들이 하는 만큼 못해 줄까 봐 안쓰럽고 죄짓는 마음이 들어요."

"그러긴 해. 나도 애 키울 때 정말 꿈에 부풀었었지! 초등학교 마칠 때쯤엔 영어는 술술, 피아노나 바이올린 악기 하나는 기본에다 골프도 배우게 하고. 책도 엄청 많이 읽히고……."

'무자식이 상팔자'라는 말이 있습니다. 부모 눈에 자식은 아무리 나이가 먹어도 언제나 물가에 내놓은 어린아이 같습니다. 그야말로 걱정거리입니다. 차에 치일까 걱정, 학교에서 적응을 못할까 걱정, 친구들과 잘 어울릴까 걱정, 뭐든지 걱정입니다. 시험 때가 되면 아이가 '답안지에 실수 안 하고 체크 잘할까?' 이런 걱정도 해보셨죠? 뭐니 뭐니 해도 제일 큰 걱정은 '공부 잘할까?'겠지요. 공부 잘하는 것은 기대이기도 하지만 제일 큰 걱정거리이기도 합니다.

기대가 크면 불안감도 커집니다. 남들은 이런다더라, 하는 말을 들으면 불안해집니다. 우리 아이만 뒤처지는 것 같습니다. 특정 지역의 학부모들은 초등학교 때 고교 수학을 시작한다느니, 하며 난리가 아닙니다. 불안은 결국 학원 스케줄로 채워집니다. '학원 잘 다녀야 일류 대학 간다.' 이것이 학부모의 희망과 불안을 이용한 사교육의 메타포입니다. 부모의 자식 사랑이 돈이 되는 것입니다.

교육제도가 바뀐다고 하면 또 불안해집니다. 도대체 '고교학점제'가 뭐지? 대입제도가 또 바뀐다고? 사실 학부모들은 공교육 정상화, 교과 선택권 확대, 뭐 이런 것에 관심이 크게 없습니다. 내 아이가 어떻게 대비해야하는지에 더 관심이 많습니다. 내 아이에게 유리한지, 불리한지가 더 큰 관심사입니다. 정부는 정책만 떡하니 발표하고 끝입니다. 국가와 사회를 위해 좋은 정책이라고 자랑만 합니다. 역시 학원에 가서 물어봐야 속이 시원합니다.

우리 교육의 처음과 끝은 학원입니다. 결국 돈입니다. 초등학교부터 사교육 폭격을 하려면 돈이 많이 들겠지요. 대략 고등학교까지 사교육비가 6천만 원, 이를 포함해 대학 졸업 때까지 교육비로 1억 원이 든다고 합니다. 이는 평균적인 수치입니다. 상류층은 더 많은 투자를 합니다. 반면에 중위권 이하의 가정은 이런 투자를 하지 못합니다. 더 투자하고 싶어도 할 수가 없습니다.

자식에게 남들 하는 만큼 못 해준다는 생각에 마음이 아픈 부모! 우리 사회의 보통 부모들입니다. 자식이 특목고나 명문 대학에 가지 못한 것이 마치 부모가 능력이 없어서 그런 것만 같습니다.

'네 부모를 원망해, 돈도 실력이야!'
'강남에서는 다 그렇게 스펙 품앗이 해!'

평범한 부모들의 가슴을 찌르는 말입니다. 자식의 미래에 대한 기대를 돈이 없어 접어야 하는 부모의 마음은 헤아릴 수 없는 아픔입니다. 안타까움과 불안감에 가슴 저리는 부모가 너무도 많습니다. 왜 이럴 수밖에 없는지 고민하지 않을 수 없습니다. '국가는 뭐하고 있지?', '학교는 뭐지?' 하는 의문 말입니다.

아주 오래전에도 이런 문제를 고민한 사람이 있습니다. 그리스 철학자 플라톤이 《국가》라는 책에서 주장한 것이지요. 플라톤은 귀족이건 평민이건 모든 집안의 자녀들을 어릴 적부터 집에서 분리해 공동생활을 하며 교육해야 한다고 했습니다. 이런 과정에서 단계적으로 역량에 따라 생산자로 일할 사람, 군인이나 중간 관리자, 철인(즉, 통치자)을 선발합니다. 귀족의 아이도 생산자가 될 수 있고 평민의 아이도 통치자가 될 수 있지요. 오직 아이가 갖고 있는 재능과 성취에 의해서만 사회적 역할과 지위가 정해지도록 합니다. 지금부터 2,300여 년 전에 주장한 것인데, 허무맹랑하게 들리는지요? 아니면 그럴듯하게 들리는지요? 그럴듯하게 들린다면 집안 배경이나 사회적 신분에 따라 발생하는 차이가 불평등을 심화시킬 것이라는 것을 일찍이 간파한 플라톤의 생각에 공감하는 것입니다.

플라톤은 완벽하게 공정한 사회적 선발 시스템의 '이데아(idea)'를 제시합니다. 그러나 생각은 좋지만 플라톤의 생각은 지금껏 실현된 적이 없습니다. 어찌 보면 허무맹랑한 이야기지요. 극단적인 전체주의로 비판을 받습니다. 눈에 넣어도 안 아플 아이를 부모에게서 떼어내어 국가가 키운다는 것에 동의할 부모가 어디 있겠습니까? 무엇보다 이런 제도는 사회 지배층이나 귀족들에게는 오히려 불리한 제도인데 도입될 리가 없겠지요.

그럼에도 플라톤의 주장은 공정한 교육에 대한 이상적인 모델을 제시하고 있습니다. 가정의 격차가 교육에 영향을 끼치지 않아야 공정한 교육과 공정한 선발을 할 수 있다는 점을 말하고 있습니다. 현실에서 소득의 격차와 빈부의 격차를 완전히 없애는 것은 불가능한 일입니다. 이런 현실적인 격차를 두고도 어떻게 공정한 교육이 가능할까요? 사교육비 동원에 자신이 없어서 상심하는 부모에게 어떤 희망을 줄 수 있을까요? 어떻게 하면 우리 평범한 학부모들이 자식 키우는 행복을 느끼면서 살 수 있는 그런 세상을 만들 수 있을까요? 아이를 키우는 부모라면, 고민해봐야 합니다.

돈도 실력이다

어릴 적에 "할아버지의 재산이 많아야 손자가 편한데……"라며 안쓰러워하셨던 할머니가 생각납니다. 부유하지 못한 집안에는 나름의 스토리가 있습니다. 원래는 만석꾼이었는데 누가 어찌어찌하다 다 말아먹었다, 하는 이야기들이지요. 독립운동 이야기도 많습니다. 집안의 자존심을 지키는 이야기입니다. 일제 강제병합, 독립운동, 해방 직후의 혼란, 6.25전쟁, 그리고 산업화 과정 등의 격랑에서 삐끗하면 전재산이 날아갔고, 줄 한 번 잘 서면 자산가가 되었습니다.

이런저런 연유로 자산이 있는 집안은 격랑의 시절에도 자식 교육에 투자를 했습니다. 일제강점기에도 많은 지주 아들들은 일본으로 유학을 갔습니다. 아니면 서울의 경성제국대학교나 사립전문학교에 다녔습니다. 이들 극소수 엘리트들은 일제강점기뿐 아니라 해방 이후 그야말로 한자리를 꿰찰 수 있었습니다. 그 아들 대(代)에는 공부를 하거나 사업을 해서 가업을 이루었을 터이고 그 아들의 아들, 즉 손자는 그 경제력을 바탕으로 역시 좋은 교육 기회를 얻을 수 있습니다. 많은 경우, 미국으로 유학을 갑니다. 이처럼 일제강점기, 6.25전쟁, 산업화 시대를 거치면서 우리 윗세대는 우리 사회에서 성공할 기회를 잡을 수 있는 토대가 결국 집안의 자산이라는 것을 온몸으로 체험한 것입니다.

어릴 때는 할머니의 말씀이 와닿지 않았지만 막상 고향을 떠나 서울로 대학을 가니 실감이 났습니다. 80년대 중반, 넉넉지 않은 형편에 서울에 있는 사립대학을 다니는 것은 쉬운 일이 아니었습니다. 등록금 걱정, 월세 걱정으로 대학생활이 많이 힘들었습니다. 친척집을 전전하기도 하면서 괜히 서울로 왔다는 후회도 많았습니다. 시골에 살 때는 잘 몰랐는데 서울에 오니 완전 실개천 출신이었습니다. 전공이 순수 인문학인 철학이었는데도 대학원 진학이나 유학은 꿈도 꿀 수 없었습니다. 행정고시에 합격해서 공무원이 되면 미국 유학을 보내준다는 말에, 죽어라 공부해서 공무원이 되었습니다. 덕분에 시골 촌놈이 미국 대학에 유학도 할 수 있었지요.

한때 '돈도 실력이야!'라는 말이 국민적 공분을 샀지만 사실 부인하기 어려운 우리 사회의 현실입니다. 너무 정곡을 찔렀기 때문에 사회적인 아픔이 더 컸습니다. 의대에 가는 것, 로스쿨에 가는 것, 대학원이나 유학을 가는 것은 형편이 넉넉지 못한 가정에서 쉽게 꿀 수 있는 꿈이 아닙니다. 돈이 없으면 하고 싶은 것이 있어도 제약이 많습니다. 쉽게 말해, 돈이 없으면 아무리 좋아해도 승마를 할 수 없으니까요. 가정 형편이 어려우면 때로는 대학의 꿈을 접고 직업계 고등학교에 진학해서 곧바로 취업하는 경우도 있습니다. 이처럼 아이의 능력이 아니라 돈에 의해 사회적 역할이 정해질 가능성이 높습니다. 의사, 변호사, 교수가 될 자질이 상류층에만 있는 것은 아니지요. 그런데도 이런 분야로 진출하는 학생들의 계층 편향이 심하다면 이는 개인의 역량 문제가 아니라 사회 구조적인 문제입니다.

몇 년 전, 로스쿨 재학생의 소득 분위별 장학금 신청 현황이 공개되었습니다(〈국민일보〉, 2016.11.24.). 전체 로스쿨 재학생의 61.5%가 9분위 이상이거나 장학금을 신청조차 안 한 것으로 나타났습니다. 장학금 미신청자는 서울대학교 로스쿨이 74%, 연세대학교가 70.4%, 고려대학교가 75.2%에 달하고 있습니다. 장학금 지원 대상인 8분위 이하는 30%도 되지 않습니다. 주요 대학의 로스쿨에 고소득 계층의 자녀가 70% 이상을 차지하고 있다고 볼 수 있습니다. 2016년 국가장학금 산정기준으로 9분위는 월 소득 1,043만~1,359만 원의 고소득 계층입니다. 변호사가 되는 두뇌와 품성이 유독 고소득 계층에만 존재하는 것은 아닐 텐데 현실은 그렇습니다.

의대도 마찬가지입니다. 2020년 한국장학재단 자료 분석에 따르면 전국 39개 의대 신입생 중 소득 1~8구간에 해당하는 학생은 전체 19.4%에 불과하다고 합니다. 의과대학 신입생의 80% 정도를 월소득인정액(2020년 기준) 920만 원 이상인 9분위 또는 10분위 이상이 차지하고 있습니다(〈매일경제〉, 2021.10.11.). 소득 상위 20%의 자녀

오직 자신의 능력과 노력에 의한 승부!
돈이 실력이 아니라 실력이 진짜 실력으로 인정받을 것입니다.

들을 위한 의대가 되어버렸습니다. 상위계층에만 의사가 될 자질이 있는 자녀가 태어난다고 보기는 어렵기 때문에 결국 사회·경제적 영향이라고 볼 수밖에 없습니다. 결국 '돈이 실력'입니다.

수학능력시험도 마찬가지입니다. 지금은 시·도별 성적 수준만 공개하고 있지만 읍면동 단위로 공개하면 우편번호와 수능성적의 상관관계는 매우 높게 나타날 것입니다. 어디에 사는지 알면 대략 수능성적의 수준을 가늠할 수 있습니다. 아파트 가격과 수능성적의 수준을 같은 색깔로 표시한다면 거의 동일하게 겹쳐질 것입니다.

이런 현상에 대해 한편으로는 '그게 뭐 어때서?'라고 생각할 수도 있습니다. 내가 열심히 공부해서 얻은 성적으로 쟁취했는데, 뭐가 문제냐는 것이지요. 왜냐하면 표면적으로는 언제까지나 객관적이고 공정한 경쟁의 결과이기 때문입니다. 그러나 이는 상류층에만 똑똑한 유전자가 있다는 전제에서만 성립하는 주장입니다.

한 가지 질문을 던져봅니다. 플라톤이 이야기한 대로 모두가 똑같은 사회·경제적 조건에서 사교육 없이 공부를 했어도 같은 결과가 나왔을까요? 상류층은 어릴 적부터 넉넉하고 안정된 학습 환경에서 성장해 문화자본이 풍부할 뿐 아니라, 사교육의 투자 여력 또한 큽니다. 형편이 어려운 집안은 꿈도 꾸지 못하고, 미래에 대한 불안감이 크고, 풍부한 문화적 교양을 쌓을 기회가 부족할 뿐 아니라 사교육 투자 여력이 매우 적습니다. 같은 능력이라면 승부는 어느 집안에 태어났느냐에 따라 이미 결정이 나 있습니다.

가정 형편의 차이를 완전히 상쇄는 못하더라도, 의대나 로스쿨이 무상이라면 더 많은 아이들이 의사나 법조인의 꿈을 갖지 않을까요? 독일 등의 유럽의 여러 나라는 대학교육이 무료이거나 무료에 가깝습니다. 대학원도 마찬가지입니다. 이렇게 되면 대학 공부를 능력이 없어서 못하는 것이지 돈이 없어서 못하는 것은 아닐 것입니다. 이런 나라에서의 승부가 '진짜' 승부 아닐까요? 오직 자신의 능력과 노력에 의한 승부 말입니다. 이것이 진짜 공정한 승부입니다. 패자도 승복할 것입니다. 돈이 실력이 아니라, 실력이 진짜 실력으로 인정받을 수 있을 것입니다.

돈이 꿈이 되는 세상

초등학생 아이들의 꿈이 뭔지 아시죠? 연예인, 경찰관, 과학자, 대통령……, 뭐 이런 것이지요? 그야말로 '꿈'입니다. 학부모님들의 어릴 적 꿈은 무엇이었나요?

저는 시골에서 자라서 그런지 어릴 적에 꿈이 뭐냐는 질문을 받아본 기억이 별로 없습니다. 매일 들로, 산으로 뛰노는 것이 일상이었으니까요. 중학교 3학년 때쯤, 막연하게나마 국가를 위해 일하는 사람이 되었으면 좋겠다는 생각을 해보긴 했습니다. 고등학교 때는 무조건 일류 대학을 가야 한다는 압박으로 공부를 했지요. 당시 시대상을 반영하는 드라마의 영향인지는 몰라도 세계 무대를 누비는 경영인이 꿈이었고 상경대 지망생이었습니다. 좋은 대학 나와서 좋은 직장에 들어가 집안을 일으켜야 한다는 생각이 컸습니다.

요즘 아이들은 어릴 적부터 꿈이 뭐냐는 질문을 자주 받습니다.

"넌 커서 뭐하고 싶니?"

학교에서도 진로교육이 강화되어 미래의 꿈이 있어야 합니다. 아이들은 초·중·고로 가면서 자신의 꿈을 점차 구체화하기 시작합니다. 예체능의 특기는 초등학교 때 선택합니다. 중학교 때는 직업계고로 갈 것인지 일반고로 갈 것인지가 선택의 기로입니다. 고등학교 때는 과거에는 문과·이과 선택이, 앞으로는 다양한 과목 중에서 자신의 진로에 맞는 과목을 선택하는 것이 미래의 꿈과 연관됩니다.

학년이 올라갈수록 꿈을 구체화하게 되는 데 무엇이 가장 큰 영향을 미칠까요? 우선 성적입니다. 공부를 잘하느냐 못하느냐가 꿈에 큰 영향을 미칩니다. 그러나 그보다 더 중요한 것은 가정 형편입니다. 성적도 사교육이 좌우하니까요. 초등학교 때 예체능 특기를 선택하는 것, 중학교 때 직업계 고등학교를 선택하는 것, 고등학교 때 의대에 가기 위해 이과를 선택하는 것은 부모의 소득이나 사회적 지위와 연관성이 높습니다.

어른들이 생각하는 이상으로 아이들은 자신의 가정 형편을 매우 민감하게 느끼고 있습니다. 부모의 자가용과 아파트 평수로 친구를 따진다고 하는 세태이니 어릴 적부터 자신의 형편에 민감합니다. 또한 아이들은 부모가 느끼고 있는 사회적 위계에 대해서도 민감합니다. 부지불식간에 부모의 고단한 삶이 아이들에게 전달됩니다. 반대로 부모의 특권 의식과 여유로움 역시 아이들에게 전달됩니다. 그래서 이렇게 외치는 아이들이 나옵니다.

"네 부모를 원망해, 돈도 실력이야!"

우리 아이들이 어떤 꿈을 갖느냐는 것은 아이들이 우리의 가정 형편을 어떻게 생각하느냐에 상당히 관련이 있습니다. 어릴 적부터 의식적·무의식적으로 인지된 가정형편, 즉 사회·경제적 위치에 대한 각인은 실질적으로 아이들의 꿈을 구체화하는 중요한 요소가 됩니다.

아이 스스로 인식하건 부모의 태도에 의하건 경제적 형편이 좋지 않다고 느끼는 아이들의 꿈은 작아집니다. 피아노가 좋아도, 성악이 좋아도, 레슨을 못 받는 형편이면 아예 꿈을 접겠지요. 공부도 그렇습니다. 사교육의 무한 경쟁에서 뒤처진다면 자신감은 더욱 떨어집니다. 또한 형편이 어려운 부모의 아이에 대한 낮은 기대가 아이에게 고스란히 전해집니다. 아이의 자존감은 더 낮아집니다. 부모들은 이 점을 감안하고 아이들을 이해해야 합니다. 부지불식간에 부모의 한마디가 아이의 꿈을 작게 만들 수도 있습니다. "우리 형편에……" 또는 "네 성적에……", 이런 말들입니다.

반면에 부잣집 아이들은 거칠 것이 없습니다. 사교육을 통한 성적 경쟁에 우위를 점할 수 있습니다. 때로는 수천만 원의 비용이 드는 국제학교로 진학합니다. 미국 유명 사립학교에 가기도 합니다. 말을 타서 대학에 갈 수도 있습니다. 외국 대학으로 유학을 가는 것도 당연한 과정입니다. 이러한 가능성과 미래를 듣고 자라기 때문에 꿈이 커질 뿐 아니라 자신감도 생깁니다. 이 아이들은 스스로도 당연히 경쟁에서 승리할 거라고 생각합니다. 돈이 실력임을 내심 알고 있기 때문입니다.

보릿고개가 있던 시절에 우리 부모들은 맹물로 배를 채우면서도 자식에게 공부를 시켰습니다. 그때야말로 공부만 잘하면 희망이 있었기 때문입니다. 빈농의 아들이 검사가 되었습니다. 그러나 '개천에서 용나기'는 갈수록 어려워지고 있습니다. 경제적인 승자가 사교육의 승자가 되고 다시 학력 경쟁의 승자가 되기 때문입니다. 성공한 개천의 용들이 개천 사람들에게 '가붕개(가재, 붕어, 개구리)'로 살라고 말합니다. 개천 사람들에게 '뭐하러 굳이 용꿈을 꾸지?'라고 합니다. 돈이 없으면 꿈도 꾸지 못합니다. 긴 한숨이 나오지만 결국 돈이 꿈이 되는 세상입니다.

학부모에게 희망을

사교육 공화국, 우리나라 사교육 통계를 한번 살펴보겠습니다. 〈2020년 초·중·고 사교육비 조사 결과〉에 따르면 사교육에 참여하는 가구는 월 평균 43만 4천 원을 지출하고 있고, 연간 지출액으로 따지면 520만 8천 원입니다. 중·고등학교 6년 동안의 사교육비는 무려 3천 1백만 원입니다. 여기에 초등학교 6년을 합하면 초등학교 입학 후 고등학교까지 사교육비만 평균 6천 2백만 원을 지출하는 것입니다.

소득 계층별 차이를 보면, 월 평균 가구소득이 800만 원 이상인 가구의 사교육 이용률 80.1%이고, 월 평균 50만 4천 원을 지출한 반면, 가구소득이 200만 원 미만의 가구는 사교육 이용률 39.9%에 월 평균 9만 9천 원을 지출한 것으로 조사되었습니다. 고소득층과 저소득층의 사교육비 지출 차이가 5.1배가 납니다.

어떤 가정에서는 이런 사교육 통계에 대해서, 특히 월 평균 43만 원 지출에 대해 '어림없는 소리'라고 할 것입니다. 자녀 둘이 있으면 200만 원, 300만 원을 훌쩍 웃돕니다. 매우 큰 부담입니다. 체감하는 사교육비 지출과 평균과의 격차가 크다는 것은 그만큼 사교육비 지출 격차가 크다는 의미입니다. 그것은 지출을 아주 적게 하는 가구도 많다는 뜻입니다.

소득 수준에 따른 교육 격차는 어릴 때부터 시작됩니다. 고소득 계층은 많은 경우, 아이를 영어 유치원에 보냅니다. 초등학교에 입학했을 때는 이미 출발선이 다릅니다. 이들 부모는 해외 근무 등으로 아이들이 영어에 노출될 기회도 많습니다. 집중적인 영어 사교육으로 난관 중의 하나인 영어 문제를 해결합니다. 예체능에 대한 접근성도 매우 높습니다. 정서적 안정, 독서 환경, 풍부한 문화체험 등은 지적·정서적 발전에 크게 유리합니다. 이런 아이들이 조기 학력경쟁에서 승리해 자사·특목고 등에 진학하고 대학 입시에서 패스트 트랙을 갖게 됩니다.[2] 심지어 외국 학교를 오래 다녔다고 하여 대학 입시에서 특별전형의 기회도 주어집니다.

반면에 저소득층 아이들은 무기력의 함정에 빠지게 됩니다. 어려운 경제 형편은 미래의 꿈에 대한 자신감을 잃게 할 뿐 아니라, 사교육비 격차로 인해 성적 경쟁에서도 밀리게 합니다. 결국 미래의 꿈

---

2   2021학년도 서울대학교 입학생의 42.7%가 영재·자사·특목고 출신으로 분석된다(《연합뉴스》, 2021. 7. 4.).

을 위한 학습을 포기하게 됩니다. 학교에서는 공부 못하고 존재감 없는 아이가 되어 무관심의 대상이 되기 쉽습니다. 우리나라에서 성적 경쟁을 포기한 학생이 다른 적성을 찾을 기회는 매우 적습니다. 일부는 스스로 문제아로 전락하기도 합니다. 하위 계층은 〈사교육 투자 부족 → 학습 포기 → 저학력 → 낮은 소득〉의 악순환이 형성되는 반면에, 상위 계층은 〈사교육 투자 → 학습 성과 → 고학력 → 고소득〉의 선순환을 이루며 대를 이어 물려줄 수 있습니다.

개천의 용들이 내 자식은 절대로 '가붕개'로 만들지 않겠다는 노력이 사교육입니다. 중산층이 된 용들이 돈으로 승부합니다. '가붕개'의 부모들은 어떻게 해야 할까요? '용'의 자식과 '가붕개'의 자식 사이의 교육비 격차를 누군가는 메꿔주어야 합니다. 그 누군가는 국가입니다. 플라톤의 주장처럼 모든 아이를 완벽하게 가정에서 분리할 수는 없습니다. 현대의 학교는 잠시나마 아이를 분리하는 공적 공간입니다. 이 공적 공간에서 가정의 격차를 극복할 수 있는 질 높은 교육 기회를 제공할 수 있다면 플라톤의 이상을 성취할 수 있습니다. 이것이야말로 우리 학부모들의 희망이 아닐까요? 공정한 공교육이 아닐까요?

학교 교육이 보통 수준이고 각 개인은 사교육에 의존할 때 사교육 동원력이 학습 격차를 발생시킵니다. 그러나 공교육이 아주 높은 수준이라면 사교육 투자 효과는 미미할 것입니다. 영국의 이튼스쿨 학생이나 미국의 아카데미(사립고등학교) 학생들이 사교육을 한다는 이야기는 들어보지 못했습니다. 우리 나라의 공교육이 영국의 이튼스쿨처럼, 미국의 엑스터나 필립스 같은 사립학교처럼 투자와 질적 수준이 유지된다면 우리의 학력 경쟁 양상은 달라질 것입니다. 영화 〈죽은 시인의 사회〉에 나오는 학교를 우리가 만들지 못하라는 법은 없으니까요.

부모 경제력에 학생들의 미래가 좌우되지 않게 하려면 어떻게 해야 할까요? 질 높은 공교육, 그것만이 유일한 대안입니다. 공평하고 질 높은 교육 여건을 갖추지 못한 상황에서 객관적 성적주의는 부모의 경제력이 곧 실력이 되는 불평등을 감추는 좋은 수단이 됩니다. 심지어 불평등을 합리화하는 도구가 됩니다.

공교육 경쟁력이 크게 높아져서 사교육의 영향력이 줄어든다면 모든 계층의 자녀들이 혜택을 보게 됩니다. 특히, 중산층 서민대중의 자녀들이 서구의 유수한 고등학교와 같은 여건에서 공부할 수 있다

면 가정환경의 핸디캡은 크게 줄어들게 됩니다. 그야말로 타고난 저마다의 소질에 따른 공정한 능력주의 사회에 다가갈 수 있습니다. 공교육의 혁신과 지속적인 투자로 우리 공교육을 가장 높은 수준으로 끌어올리는 것이 공정한 교육의 길입니다. 우리 아이들이 경제적 격차에 관계없이 다양한 소질을 계발할 수 있도록 풍부한 학습시설, 충분하고 우수한 교사, 교육복지 프로그램, 대학까지의 무상교육 같은 질 높은 공교육 시스템이 필요합니다. 이것이 우리 학부모들의 희망입니다.

"엄마는 학창 시절에 공부 잘했어요?"

"그런 걸 왜 물어? 너나 잘해!"

2장

우리 아이들 이야기

다양한 아이들

　한 아이가 있습니다. 부모의 경제 능력은 재벌 또는 준재벌이라 할 수 있습니다. 중학교부터 미국의 사립학교를 다닙니다. 대학은 미국 동부에 있는 명문 대학에 들어갑니다. 방학 때는 뉴욕 맨해튼의 카페에서 여러 지역의 친구들을 만납니다. 똑똑한 아이들은 대학 졸업 후 대학원에 진학합니다. 경영대학원(MBA)을 많이 가는데 대부분은 졸업하고 부모 사업을 물려받습니다. 부모가 대학 설립자라면 대부분 부모 대학의 교수가 됩니다. 외국에서 중·고등학교를 다니면 국내 대학에서 우대를 받습니다. 이런 학생들을 위한 국제학부를 만들기도 하고, 특례 입학 기회도 있습니다. 상류 계층에다 영어도 잘하니 대학에서 선호합니다. 외국에서 학교를 다녔다는 이유로 대학 입시에서 우대하는 나라는 우리나라 말고는 찾아보기 어렵습니다.

부모는 한국에서 나름대로 성공한 부류입니다. 아이에 대한 부모의 기대는 의사나 변호사입니다. 어릴 적부터 학원을 다녀서 그런지 공부는 주로 학원에서 합니다. 주변에서 성격도 좋고 공부도 잘해서 칭찬을 많이 받습니다. 한 가지 문제가 있다면 주변에 그런 친구들이 많다는 것입니다. 친구들한테 뒤처지면 체면이 구겨집니다. 자사·특목고는 당연히 가야 합니다. 열심히 노력해서 거둔 성적에 자부심을 갖습니다. 좋은 대학을 나와야 사회·경제적 지위를 확보하고 결혼 시장에서도 선호하는 배우자감이 된다는 것을 아주 잘 알고 있습니다. 어릴 적부터 귀가 닳도록 부모나 친척으로부터 들은 이야기입니다. 그러다 보니 공부가 약해지면 불안해집니다. 인정받지 못할 것에 대한 불안감이 매우 큽니다. 그래서 학원을 열심히 다닙니다.

또 다른 아이가 있습니다. 평범한 부모를 두고 있습니다. 부자는 아니지만 여유로운 형편입니다. 어쩌다 공부를 잘하는 축에 들면 부모의 기대는 커집니다. 기대에 부응해 열심히 공부하게 됩니다. '1등한 아이, 공부 잘하는 아이'라는 말을 듣게 되면 어깨가 으쓱해집니다. 사회적으로 출세하는 것이 무엇인지는 잘 모르지만 '공부를 잘하면 뭔가 좋을 것 같다'는 생각은 하고 있습니다. 학원도 열심히 다닙니다. 공부를 하다 보니 승부욕도 생깁니다. 장래 꿈도 생깁니다. 우리 사회를 위해 뭔가 기여하는 사람이 되겠다는 생각을 갖고 있습니다. 특히 과학자나 세계를 누비는 경영인이 되겠다는 꿈을 많이 꿉니다.

이번에는 다른 아이의 이야기입니다. 공부가 시원찮은 아이는 부모의 잔소리를 많이 듣습니다. 학원도 그럭저럭입니다. 사실, 학원은 친구를 만나러 가는 곳입니다. 공부 이외에 다른 길을 가고 싶다는 생각이 많습니다. 사실은 부모 몰래 밴드를 하고 있습니다. 대학을 가는 대신에 일단은 음악을 하고 싶습니다. '공부는 나중에 하면 된다'는 생각입니다. 공부로 성공할 것도 아니니 공부에 대해서는 큰 가치를 두지도 않고 공부 못한다고 해서 기죽지도 않습니다. 그래서 그런지 '철이 없다'는 핀잔을 많이 받습니다. 이 아이의 주변에는 어른들이 철이 없다고 하는 친구들이 많습니다.

이 아이는 집안 형편이 그리 여유롭지는 못합니다. 어릴 적부터 친구들하고 노는 것이 제일 즐거운 일입니다. 의사나 변호사 같은 직업은 남의 일처럼 느껴집니다. 초등학교 때부터 공부로 인정을 받지 못했습니다. 그러다 보니 주눅이 들고 '난 안 돼!'라는 생각을 많이 합니다. 학교에서는 선생님들로부터 인정을 받지 못하고 자존심 상하는 일이 많습니다. 역시 유일한 위안은 친구들뿐입니다. 공부가 재미없으니 직업계 고등학교에 대한 기대가 있습니다. 주변에도 그런 친구들이 많습니다.

조금 다른 유형의 아이 이야기입니다. 이 아이는 어릴 적부터 공부를 잘했습니다. 전교 1등을 독차지할 정도입니다. 공부를 열심히 해서 어려운 집안 형편을 바꾸어야겠다는 생각을 하고 있습니다. 주로 학교 공부에 의존을 많이 합니다. 학원은 조금 약한 수학만 다닙니다. 서울대학교를 가는 게 주변의 희망이고 본인의 꿈이기도 합니다. 많은 기대가 부담스럽기도 하지만 공부는 정말 열심히 합니다.

이 아이의 집안 형편은 아주 어렵습니다. 학교에서는 교육복지 대상자라고 합니다. 조금 창피하기도 하지만 표시 나지 않게 지원받고 있습니다. 그래도 선생님이 어쩔 수 없이 교육복지사업을 언급할 때는 속으로 창피한 느낌이 듭니다. 학교에서는 주눅이 들다가도 친구들을 만나면 힘이 납니다. 그림 그리기를 좋아하는데 미대 가는 꿈은 꾸지 못합니다. 빨리 취업을 할 수 있는 직업계 고등학교를 가야겠다고 생각합니다. 디자인 관련 분야로 가면 미술 특기를 잘 살릴 수 있을 기대를 갖고 있습니다.

아이들도 힘들어요

"우리 애는 왜 그렇게 말을 안 듣는지 참. 하라는 공부는 죽어라 안 하니."
"그래. 공부 좀 하면 좋으련만. 정말 말을 안 들어."

학부모들의 자녀에 대한 불만은 대개 2가지입니다. 하나는 '왜 이렇게 말을 안 듣는지'이고 다른 하나는 '왜 그렇게 공부를 안 하는지'입니다. 공부 열심히 하라는 말을 잘 안 듣는 것이니 결국에는 공부 열심히 안 하는 것이 제일 큰 불만인 셈입니다.

그런데 우리 학부모님들은 학창 시절에 정말 열심히 공부하셨는지요? 공부가 재밌었는지요? 아마도 대부분 고개를 흔드실 겁니다. 우리가 그랬듯이 우리 아이들도 공부를 무척 싫어합니다. 공부가 재밌는 경우는 아주 드문 일입니다. 그런데 왜 그렇게 공부하라고 닦달을 하죠? 정답은 '너 잘 되라고'입니다. 그렇죠? 우리 부모들이 자식 잘 되라고 '공부 열심히 해'라고 하는 것은 서구의 'I Love You'와 같은 말입니다. '사랑하는 내 자식이 공부를 잘했으면!' 하는 바람은 모든 부모의 간절한 마음입니다.

아이 입장에서도 공부를 잘하면 얼마나 좋겠습니까? 공부가 부모 사랑에 대한 보답이라는 것을 잘 아니까요. 마음이야 굴뚝 같지만 어디 맘대로 되는 게 공부인가요? 성적이 나쁘면 부모님을 실망시킬까 봐 마음고생이 심한 쪽은 우리 아이들입니다. 그런데 1~2 등급은 전체 학생의 11%에 불과하니 대부분은 '공부 잘한다'는 소리를 듣지 못합니다. 결과적으로 공부에만 초점을 두면 대부분 불행한 것이지요. 해도 해도 잘 안 되는 공부, 이것이 불행의 씨앗입니다.

부모의 공부 압력이 적고, 적정한 능력만큼만 공부를 한다면 아이들의 학창 시절은 훨씬 더 행복할 것입니다. 그러나 대부분의 아이들은 힘들고 재미없는 학창시절을 보냅니다. 불안, 긴장, 경쟁심, 갈등, 우월감, 때로는 열패감 등으로 점철된 혹독한 젊은 시절을 보내고 있습니다. 성장과 성숙보다는 새장에 갇힌 앵무새처럼 점수를 따기 위한 훈련, 또 훈련의 시간을 보내고 있습니다. 물론 그저 멍하니 시간을 보내는 아이들도 있긴 합니다.

공부 잘하는 아이들도 힘들기는 마찬가지입니다. 자기 꿈이 분명하고 자존감도 높긴 하지만 언제나 좋은 결과를 내리라곤 장담할 수 없기 때문에 늘 불안과 긴장 속에 삽니다. 내적 열등감에 대한 보상으로 남보다 나은 성취를 위해 열심히 공부할 수도 있습니다. 반대로 남보다 우월하고자 하는 욕구가 너무 강하기 때문에 배타적이 되거나, 기대한 만큼 성적이 나오지 않으면 크게 좌절할 수도 있습니다. 제2캠퍼스 학생에 대한 멸시, 특정 대학끼리만의 SNS, 우울증과 시험 실패에 따른 자살 등이 끊임없이 발생하는 이유입니다. 공부와 자존감을 너무 강하게 연결한 불행한 사례입니다.

이렇게 힘든 아이들에게 "공부해!"라고 쉽게 말할 수는 없겠지요. 그렇게 할 수 있는 이유는 부모들이 자신이 겪은 학창 시절의 고통을 다 잊었기 때문입니다. 아니면 영화 〈써니〉처럼 정말 재미있는 학창 시절을 보내서 공부가 뭔지 잘 모르기 때문일 것입니다.

UN이 발표한 우리나라의 2018~2020년 평균 국가 행복지수가 OECD 37개국 가운데 35위라고 합니다. 우리나라 청소년 자살률은 세계 평균보다 상당히 높습니다. 청소년기의 학습 고통도 이런 불행에 일조를 하고 있습니다.

그렇다면 행복해지기 위해서는 어떻게 해야 할까요? 공부에 대한 생각만 바꾸어도 행복지수가 크게 올라갑니다. '공부해!'라는 말만 하지 않아도 된다면 부모 자식 간에 갈등도 싸울 일도 없을 테니까요. 그렇다면 어떻게 공부에 대한 생각을 바꿀 수 있을까요? 부모가 원하는 것은 아이들의 행복입니다. 해결의 실마리가 여기에 있지 않을까 합니다. 아이들의 행복!

여기 특별한 행복을 찾는 한 사람을 소개하고자 합니다. 옥은택 청년 기업인의 이야기입니다. 2008년에 교사인 부모가 퇴직을 하고는 세 명의 자녀를 홈스쿨링으로 전환하여 세계일주 여행을 떠났습니다. 당시 옥 대표는 17세로 고등학교 1학년이었지요. 인도를 시작으로 1년 반 동안 35개국을 여행했습니다. 친구들이 3학년일 때 귀국해서 검정고시로 고등학교 학력을 갖게 되었고, 일반 대학 대신에 한국폴리텍대학교의 전문기술 과정에 들어가서 기계 관련 자격증을 3개나 땄습니다. 기술 인력으로 회사 생활을 하는 중 산업기사 자격증을 땄고, 얼마 있다 CNC 조각기를 판매하는 회사를 창업했습니다. 회사는 날로 성장해 2020년, 30대 초반의 옥 대표가 이끄는 회사의 연 매출이 17억 원에 이르렀습니다. 옥 대표는 독서를 통해 지식과 지혜를 얻고 회사에서도 직원들이 책을 많이 읽을 수 있도록 독려하고 있다고 합니다(〈조선일보〉, 2021. 8. 8.).

행복의 길은 너무도 다양합니다. 모두가 옥 대표 같은 길을 갈 수는 없습니다만 공부에 대한 생각을 조금 바꿔보면 뭔가 다른 길이 보이지 않을까요?

공포의 엄친아

세계적인 '엄친아' 이야기입니다. 마이크로소프트(MS)사를 창립한 빌 게이츠(Bill Gates). 윈도우 운영체제를 개발해 퍼스널 컴퓨터(PC) 시대를 연 IT 분야의 선구자입니다. 한때 우리 사회에서 길러야할 창의인재의 모델로 각광을 받았습니다.

빌 게이츠는 미국의 전형적인 중산층 출신의 '엄친아'입니다. 교육열이 매우 높은 시애틀 교외 지역에서 자랐고, IQ가 160인 천재 중의 천재입니다. 머리도 좋은데 교육여건도 아주 좋았습니다. 1960년대 중반 초등학교 때 이미 학교에 컴퓨터가 있었습니다. 우리가 보릿고개를 넘고 있을 때 빌게이츠가 다니던 학교에는 컴퓨터가 있었습니다. 고등학교 때는 직접 컴퓨터 프로그램을 제작해 돈을 벌기도 했습니다. 이때가 1970년대의 일입니다. 하버드대학교에 진학했지만 곧 창업을 위해 중퇴했습니다.

빌 게이츠는 선천적 재능, 풍부한 교육적 환경, 선진기술 문명의 혜택을 모두 받으며 성장했습니다. 한국에서 태어났어도 지능이 워낙 높으니 공부는 잘했을 겁니다. 고등학교 내내 본고사를 대비한 국영수 문제집을 풀고 또 풀고 했겠지요. 1955년생으로 74학번 정도이니 아마 경기고와 서울 법대를 나와서 법관이 되었을 가능성이 높을 겁니다.

이런저런 사정을 고려하면 빌 게이츠 같은 영재들은 우리 아이들의 모델이 될 수 없고 학교 교육이 지향하는 인재상이 될 수도 없습니다. 성적을 올리기 위해 학원가서 열심히 복습에 매진해야 하는, 그런 보통의 학습 능력을 갖고 있는 아이들에게 빌 게이츠는 전혀 해당이 없는 무지개 같은 존재일 뿐입니다.

비단 빌 게이츠뿐만이 아닙니다. 아이들에게는 엄마가 자랑하는 옆집의 아들, 딸이 제일 무섭습니다. '남의 떡이 커 보인다'고 옆집 애는 뭐든지 잘하는 것 같습니다. 이렇게 비교당하는 아이는 기분이 좋을 리가 없겠지요. 물론 엄마들도 서로 자랑질을 합니다. 자기 자식들을 서로 실컷 자랑합니다. 그러다 아주 친해지면 흉보기 시합도 합니다. 어떤 대화를 나누던, 그중에서 유독 우리 아이가 부족한 점만 끌어다가 '옆집 누구는 말이야……'라고 사설이 시작되는 게 보통입니다. 사춘기 때는 멀쩡히 공부하다가도 엄마나 아빠가 '공부해!'라고 하면 바로 책을 덮는 게 아이들의 심보인데, 옆집 아이와 비교당한다고 해서 경쟁심이 불끈 일어나 책상으로 달려갈까요? 참을 수 없는 엄마의 잔소리! 이게 효과가 없다는 것은 사실 엄마들도 알고 있습니다. 그저 아이의 자존감만 상하게 할 뿐입니다. 아이는 엄마나 아빠가 자기를 신뢰하지 않는다는 서운함만 갖게 됩니다. 물론 부모 마음은 그게 아닌데도 말입니다. 그러니 아직 애들이지요!

아이들은 비교하면 안 되는 존재지만 우리의 학교 여건은 더 좋은 곳과 비교해야 합니다. 1960년대 우리 학교와 빌 게이츠가 다녔던 학교는 비교조차 어렵습니다. 지금도 우리 고등학교의 여건은 미국 유명 아카데미나 중산층 지역 공립학교에 크게 미치지 못합니다. 진짜 실험을 하는 과학실, 관현악단 연주가 가능한 음악실, 도자기를 굽는 가마가 있는 미술실, 축구장, 야구장 등과 같은 시설을 제대로 갖추고 있는 학교는 많지 않습니다. 시설 여건도 크게 뒤지지만, 다양한 교육과정과 선택과목 등은 아직도 따라가기 어려운 실정입니다. 공부뿐 아니라 다양한 소질을 계발할 수 있는 교육여건이 갖춰 있는 학교와, EBS 문제집만 열심히 풀고 있는 학교와는 교육의 질이 크게 다르지 않을까요?

객관식 문제집을 반복해서 풀고 또 풀면서 3년을 보내는 우리 학교 교육은 어찌 보면 시험 선수들만 육성할 뿐입니다. 애초에 빌 게이츠하고는 상관이 없는 교육여건, 교육내용, 교육시설을 갖추고 있는 우리 실정은 감안하지 않고 빌 게이츠와 같은 창의인재 타령만 하는 것은 그저 공허한 외침에 불과합니다.

머리는 좋은데 공부는 못한다?

"우리 애는 머리는 좋은데, 노력을 안 해서……!"

부모가 볼 때, 자기 아이는 다 똑똑합니다. 다만 노력을 안 하는 거죠. 이런 생각은 앞뒤가 맞지 않는 것 같지만 실은 맞는 말이기도 합니다. 공부 잘하는 것만이 인간의 능력을 판단하는 전부가 아니니까요.

학창시절에 머리가 좋은지, 나쁜지를 알아보는 도구로 IQ(Intelligent Quotient) 테스트가 있었습니다. 대부분은 '공부를 못할 것'이라는 예언의 숫자를 받게 됩니다. 그렇지요? 친구들끼리 "너 IQ 몇이냐?"라고 물어보면 선뜻 자기 점수를 이야기하기가 좀 그랬습니다. 뭐, 좀 부풀려서 말하기도 했지요. 숫자가 주는 힘은 정말 컸습니다. 자의식에 상처를 주기도 하고 공부할 의욕을 꺾기도 하고 때로는 공부를 안 하는 자신의 행동에 대한 합리화의 수단이 되기도 했습니다. 그럼 IQ가 얼마나 높아야 공부를 잘할까요?

IQ 테스트는 1차 세계대전 때 병사들의 병과를 정하기 위한 선별도구로 개발되었습니다. 군대나 산업현장에서 보다 효율성 있는 인간을 선별하기 위한 도구였지요. 그 뒤 인간의 보편적인 지적 능력을 평가하는 수단으로 활용되었습니다. 객관적인 숫자는 엄청난 사회적 힘을 갖게 합니다. 한때 미국에서는 IQ가 낮으면 이민을 받지 않았습니다. 어떤 인종이나 민족은 IQ가 낮다는 편견을 조장하는 데 활용되기도 했습니다. 학교 현장에서 일부 활용되었으나 이제는 개별 진단과 같은 특수한 경우가 아니면 사용하지 않습니다. 고전적인 IQ 테스트는 인간의 다양한 능력을 평가하지 못하고, 문화적 편견이 있으며, 평가의 신뢰도도 높지 않다고 보기 때문입니다.

IQ는 교과서 위주의 모방형 학습에는 예측력이 비교적 높을 수 있습니다. 기억력 점수가 높은 사람은 객관식 정답을 잘 맞힐 수 있겠지요. 결국 이 지능검사는 산업사회의 대량생산체제, 그리고 이를 뒷받침하는 대량의 몰개성적인 근대학교 교육과[3] 잘 어울립니다.

획일적인 인간 능력의 평가가 AI 시대, 4차산업혁명 시대에도 가능한 이야기일까요? 지금 진행되고 있는 거대한 변화의 물결은 창의지성을 필요로 한다는 것이 한결같은 이야기입니다. 암기해야 하는 지식, 단순한 사실은 이제 모두 핸드폰에 있습니다. 우리가 그렇

---

3   최승복은 《포노 사피엔스 학교의 탄생》(공명, 2020)에서 군인 양성과 산업인력의 양성을 목적으로 출발한 근대학교의 한계에 대해 신랄하게 비판하고 있다.

게 중요시하는, 우리 사회에서 성공과 실패를 가르는 척도인 영어도 AI 번역의 발달에 따라 이제는 손쉬운 일이 되어가고 있습니다. 〈단순 지능·단순 학습·단순 인재〉와 같은 이런 시스템으로는 새로운 시대를 헤쳐갈 수 없습니다. 우리의 심연을 울리는 문학작품, 디자인과 회화, 창의적인 발명 등이 IQ와 무슨 연관이 있을까요? 나아가 세상을 보는 가치관, 사회적 품성과 양심 등이 이 점수와 무슨 상관이 있겠습니까?

한때 사회적으로 유명한 사람들의 IQ가 얼마나 될까, 궁금한 적이 있었습니다. 김수환 추기경님의 IQ는 얼마일까요? 영적인 가르침을 주는 데 IQ가 무슨 의미가 있을까요? 피카소의 IQ는? 예술적 감각이 IQ와 관련이 있을까요? 이런 의문은 하워드 가드너(Howard Gardner)의 다중지능이론을 알게 된 후 풀렸습니다.

1983년 하버드대학교의 가드너 교수는 다중지능이론을 제안합니다. IQ와 같은 한 가지 숫자로는 인간의 다양한 능력을 알 수 없다고 지적하고, 인간의 능력은 다양하다는 것을 전제로 하는 새로운 모델을 제시했습니다. 가드너는 인간의 지능을 여덟 가지로 구분합니다. 음악지능, 신체-운동지능, 논리-수학지능, 언어지능, 공간지능, 대인관계지능, 자기이해지능, 자연친화지능 등입니다. 이 지능들은 여전히 논의가 진행 중입니다.

사람은 이런 지능들을 모두 갖고 있습니다. 그러나 사람마다 특히 강점이 있는 지능을 갖고 있습니다. 각 분야에서 성공한 사람들은 그 분야에 적합한 특화된 지능을 갖고 있는 것으로 해석됩니다. 따라서 성공한 작가나, 예술가나 스포츠 스타의 IQ가 몇인지 궁금해할 필요가 없습니다. 높은 IQ가 중요한 것이 아니라, 각자 그 분야에 적합한 능력을 갖고 있기 때문입니다.

언어지능이 뛰어난 아이는 정치가, 문학가 등에 적합한 재능이고, 논리-수학지능은 과학자가 되는 데 필수적인 능력입니다. 음악지능은 당연히 음악가가 되는 데 필요한 지능이고, 공간지능은 건축가나 화가 등에 필요한 지능입니다. 손흥민 선수는 다른 지능도 뛰어나지만 특히 신체-운동지능이 뛰어나겠지요. 인간친화지능은 모든 사람에게 중요하지만 정치인이나 상담가 등에 더욱 필요한 지능입니다. 자기성찰지능은 종교지도자에게 필요한 능력이고 자연친화지능은 생물학자나 환경보호 관련 분야에 적합한 지능입니다.

이처럼 다양한 지능이 중요함에도 불구하고 우리의 학교 교육은 논리-수학지능, 언어지능을 주로 강조하고 있습니다. 그래서 이 분야에 적합하지 않은 아이들은 학교 공부가 재미없습니다. 무엇보다 심각한 문제는 자신의 능력을 신장시킬 기회를 갖지 못한다는 것입니다. 논리-수학지능이 우수한 인재 몇 명을 선발하기 위해 수많은 아이들이 수학 시간에 멍하니 앉아 있습니다. 다른 지능이 뛰어난 아이는 자신이 어느 분야에서 똑똑한 인재인지 알 수 있는 기회도 제공받지 못하고 오직 수학을 못한다는 이유만으로 학교의 낙오자가 됩니다. 그러다 보니 우리 사회는 수학이 필요하지 않은 분야로 진출하거나 수학에 특기가 없는 사람도 수학 공부를 강요받게 됩니다. 이렇게 다른 특기가 있는 사람도 오직 공부에만 매달리다 보니 다양한 분야의 인재를 길러내지 못하고 있습니다. 그래서 그런지 문화, 예술, 문학, 철학 등에서는 우리 경제력에 걸맞는 강국으로 인정받지 못하고 있습니다. 우리가 이탈리아보다 국력이 약한 것도 아닌데 왜 세계적인 패션이나 디자인 브랜드가 없을까요? 노벨 문학상도 아직 배출하지 못하고 있습니다. 그렇다고 막상 학문 분야의 노벨상을 배출했느냐 하면 그것도 아닙니다.

이제 공부뿐 아니라 아이의 역량에 대한 관점을 바꾸어야 합니다. 모든 부모들이 '우리 아이는 똑똑하다'고 하는 것은 맞는 말입니다. 어느 한 가지 능력에서는 똑똑한 아이입니다. 이렇게 모든 아이가 제각기 똑똑하다는 관점이 새로운 교육의 출발점이 되어야 합니다. 성적이라는 숫자 하나로 우리 아이들을 이해하는 좁은 시각은 하루빨리 벗어나야 합니다. 우리 아이들에게는 공부 외에도 다양한 능력이 있고 또 앞으로의 사회는 다양한 능력을 위한 새로운 인간관과 교육관이 필요합니다. 우리 아이들을 다양한 가능성이 있는 열린 눈으로 보느냐, 아니면 성적이라는 단일 기준으로만 보느냐는 아이의 자존감, 진로설정, 사회에 대한 이해 등에 큰 영향을 미칩니다. 아이들의 삶에도 큰 영향을 줍니다.

우리 아이들은 어느 한 분야에서는 모두가 똑똑한 아이들입니다. 그러니까, 우리 아이들이 머리는 좋은데 공부는 못할 수도 있습니다. 다른 것을 잘하면 되는 거죠.

엄마 아빠하고는 말이 안 통해

최근에는 MBTI(Myers-Briggs Type Indicator) 유형이 뭔지 물어보는 것이 MZ세대의 유행이라고 합니다. 우리 아이들이 MBTI에 관심이 많다는 것은 자기 자신을 잘 알고 싶어 하기 때문입니다. 자기 자신을 안다는 것은 남과 다른 자신의 정체성을 찾는 것입니다. 사회적 관계에 있어서도 서로 다르다는 것을 알게 되면 한층 이해의 폭이 넓어집니다. 부모 자식 관계도 마찬가지입니다. 내가 낳았으니 나하고 똑같을 것이다? 물론 아니지요. 그저 부모의 착각과 희망일 뿐입니다.

MBTI 검사는 우리 아이들을 이해하는 나름 과학적인 방법의 하나입니다. 요즘 학교 진로교육에서 MBTI 검사는 필수 코스가 되었습니다. 초등학교 고학년 이상 아이들은 자신의 성격유형을 알 것입니다.

가끔은, 부모와 자녀가 부딪힙니다.
서로의 유형이 다르기 때문입니다.
서로의 다름을 잘 이해하지 못하기 때문입니다.

MBTI는 마이어스(Myers)와 브릭스(Briggs)가 스위스의 정신분석 학자인 카를 융(Carl Jung)의 심리 유형론을 토대로 만든 성격유형 검사 도구입니다.[4]

MBTI는 외향-내향(E-I) 지표, 감각-직관(S-N) 지표, 사고-감정 (T-F) 지표, 판단-인식(J-P) 지표가 있고 이 4가지 선호 지표를 조합해 16가지 성격유형을 설명하고 있습니다.

외향적인(Extroversion) 사람은 사교적이며 말하면서 생각하고, 말이 많은 편입니다. 행동이 먼저 앞서고 나중에 생각합니다. 주인공이 되고 싶어 합니다. 반면, 내향적인(Introversion) 사람은 차분하고 신중하며 생각하고 말합니다. 집중력이 뛰어나고 혼자 있기를 좋아합니다.

감각형인(Sensing) 사람은 세세한 것도 놓치지 않으며 곧이곧대로 표현하며 직선적입니다. 논픽션을 선호하며 과거사를 정확히 기억합니다. 반면, 직관형인(Intution) 사람은 비유적 표현을 선호하며 정신적인 면을 중요시합니다. 허구적인 문학작품을 선호하며 창의적인 직업에 끌립니다. 다른 사람의 말에 끼어들어 대신 결론을 내립니다. 사고형인(Thinking) 사람은 논쟁과 토론을 좋아하며 감정을 억제하고 냉정하게 다른 사람을 대하고 사무적입니다. 다른 사람 마음에 둔하고 칭찬에 어색합니다. 단정적인 편입니다. 반면, 감정형인 (Feeling) 사람은 사람들에게 친절하고 우호적입니다. 감상적이고 쉽

---

4   MBTI 성격유형에 관한 설명은《사람의 성격을 읽는 법》(폴 D. 티저 · 바버라 배런티저, 강주헌 역, 더난 출판, 2016)을 참조했다.

게 흥분하고 마음의 상처를 잘 받습니다. 칭찬에 관대하고 단정적으로 말하지 않습니다.

판단형인(Judgement) 사람은 관습을 존중하며 책임감이 강합니다. 단언적이며 의사표현이 분명합니다. 규칙과 제도를 좋아하며 체계적입니다. 목표를 세우면 달성하려 합니다. 인식형인(Perception) 사람은 쾌활하며 적응력이 뛰어납니다. 체계적이지 못하고 우유부단하고 의사표현이 분명하지 않습니다. 목표를 자주 바꾸며 규칙과 제도를 싫어합니다.

이러한 4가지 분류를 조합해 16가지로 성격을 유형화하고 있으며 다음 표와 같습니다.

성격유형 진단이 중요한 이유는 자기 자신을 잘 알아야 그에 적합한 미래를 설계할 수 있기 때문입니다. 내향적인 아이는 다른 사람들 앞에 자신을 잘 드러내지 않으려 하기 때문에 정치인의 꿈을 꾸지 않을 수 있습니다. 유연하고 개방적인 인식형 아이들은 규정과 절차에 따라 움직이는 공직생활에 매력을 느끼지 못할 수도 있습니다. 성격 유형에 따라 적합한 직업을 살펴보고 미래를 설계하는 것은 우리 아이들이 자기에 맞는 진로를 고민하는 데 도움을 줍니다.

가끔은, 실제로는 아주 많이, 부모와 자녀가 부딪힙니다. 서로의 유형이 다르기 때문입니다. 서로의 다름을 잘 이해하지 못하기 때문입니다. 부모의 성격유형과 자녀의 성격유형을 한번 비교해 보시기 바랍니다.

16가지 성격유형의 특징

ISTJ	ISFJ	INFJ	INTJ
조용하고 진지하며 집중력이 뛰어나다. 융통성은 부족하나 정확하고 합리적이다.	소속감이 강하고 신중하고 현실적이다. 주변에 충실하고 헌신적이다.	성실하고 독창적이며 계획적이다. 계획력이 뛰어나고 외골수적 성실성이 높은 성과를 낸다.	독창적이고 신념이 강하며 지적이다. 개인적이며 집중력이 뛰어나다. 다른 사람에게 무관심하다.

ISTP	ISFP	INFP	INTP
객관적이고 침착하며 문제해결에 뛰어나다. 지략이 뛰어나고 적응력도 좋으며 스스로 행동한다.	말이 없고 겸손하며 헌신적이다. 점잖고 감수성이 강하며 인정이 많다.	진실과 성실성을 중시하고 사려 깊다. 감수성이 풍부하고 사려깊다. 창의력과 상상력이 뛰어나다.	논리적이고 자신감이 넘치며 도전적이다. 침착하고 냉정하며 권력 지향적이다.

ESTP	ESFP	ENFP	ENTP
호기심이 많고 관찰력이 뛰어나며 실용적이다. 능동적이고 호기심이 많으며 야외 활동을 좋아한다.	사람들과 잘 어울리고 솔직하며 낙천적이다. 현실적이고 솔직하며 인정 많고 이해심이 깊다.	멀리 내다보고 호기심이 많으며 독창적이고 문제해결력이 뛰어나다. 사람을 이해하는 능력이 뛰어나며 관계를 중시한다.	유쾌하고 언변이 뛰어나며 개방적이다. 융통성과 적응력이 뛰어나다. 매우 실리적이다.

ESTJ	ESFJ	ENFJ	ENTJ
합리적이고 현실적이며 추진력이 있다. 리더형이고 신속하게 결정을 내린다. 조직적 집단을 좋아하고 타인의 감정에 배려가 적다.	다정하고 동정심이 많으며 희생적이다. 가치관이 분명하고 성실하다. 현실적이고 변화를 좋아하지 않는다.	인간관계를 중시하고 열정적이고 온화하다. 다른 사람과 협동해서 일하는 것을 좋아한다.	창의적이고 사교적이며 활력이 넘친다. 선천적인 리더형이고 정직하고 솔직함을 중시한다.

정경연 등이 펴낸 《열여섯 빛깔 아이들》[5]에서는 MBTI의 성격 유형에 따라 부모 또는 선생님들이 상호간에 어떤 특징이 있고 어떻게 대응해야 하는지 잘 설명하고 있습니다. 예를 들면, 원리원칙적이고 논리적인 사고형 부모는 감정형 아이를 이해하는 데 어렵다고 합니다. 성장 과정의 정서적 욕구나 감정 상황을 잘 공감하지 못하기 때문입니다. 아이가 소외감을 갖게 됩니다. 부모의 성격 유형에 따른 양육 태도를 한번 점검해보는 것도 의미가 있습니다.

MBTI 성격 유형이 주는 중요한 시사점이 있습니다. 아이들은 부모와 다르다는 사실입니다. '아이하고 대화가 안 돼', 또는 '엄마하고는 말이 안 통해' 하는 경우는 성격 유형이 서로 다르기 때문입니다. 부모인 나와 똑같은 성향의 자녀를 갖고 싶은 것이 인지상정입니다. 그러나 부모와 자녀의 성향이 다른 경우도 많습니다. 그런 경우에 정말 자주 하는 말이 있습니다.

"너는 대체 누굴 닮아서 그러니?"

아이는 나와 다른 독립적인 인격체입니다. 부모의 아바타가 아닙니다. 아이가 학교에 가면 내가 가는 것 같고, 학원에 가도 내가 가는 것 같고, 아이의 꿈은 나의 꿈이고, 아이와 나의 삶이 하나인 것처럼 느껴집니다. 아이가 삶의 전부입니다. 그럼에도 아이와 나는 다릅니다. "자식 키워 봤자, 다 소용없어!"라는 말은 거꾸로 부모가 아이로부터 독립하고 싶은 마음의 표현일 것입니다. 아이들도 부모로부

---

5   정경연 외, 《열여섯 빛깔 아이들》(어세스타, 2010).

터 심리적으로 독립해야 하지만, 부모 역시 아이로부터 제때 독립해야 합니다.

우리 아이는 나와 다르다! 이와 같은 생각이 아이들과 소통의 첫걸음입니다. 부모들도 MBTI 검사를 받아보고 아이와의 궁합을 잘 맞추어 보시기 바랍니다. '다르다'는 것만 이해해도 큰 진전입니다. 아이의 성격유형을 잘 파악하는 것이 공부를 열심히 하게 하는 비법이 될 수 있습니다. 아이의 성격유형에 따라, 공부하라고 설득하는 방법도 달라야겠죠?

어떻게 해야 열심히 공부할까

"대학 못 가면 어찌 되는 줄 알아? 잉여인간, 인간 떨거지가 되는 거야!"

영화 〈말죽거리 잔혹사〉에서 주인공 현수의 아버지가 현수에게 한 말입니다. 아이가 공부를 안 하면 부모 마음은 타들어갑니다. '학벌도 좋지 않고 괜찮은 대학 간판도 없으면 이 험한 세상을 어떻게 살아갈까' 하는 안타까움 때문입니다. '공부만 좀 하면 그런대로 제 앞가림하며 한 세상 살 수 있을 텐데' 하는 마음입니다. 그렇게 포기했다가도 또 포기하지 못하고 공부를 채근하고 다시 사교육으로 밀어 넣게 됩니다.

공부를 하는 이유 또는 심리적 계기를 '학습동기'라고 합니다. 많은 경우 진로설정, 즉 미래의 꿈과 연관성이 높습니다. 어릴 적에는 용돈으로 달래보기도 하지만 오래가지는 못합니다. 생명과학을 공부해서 암을 정복하겠다던가, 환경을 공부해서 지구 온난화의 해법을 찾겠다는 등 미래의 꿈과 연관이 큽니다. 꿈이 있다면 공부는 저절로 하게 됩니다. 내 아이가 이렇다면 얼마나 행복할까요? 걱정이 없습니다. 옆에서 지켜보며 응원해주는 것만으로도 충분합니다.

많은 부모들은 하소연합니다. 아이가 공부만 열심히 한다면 어떻게든 밀어줄 각오가 되어 있는데, 공부를 안 하는 것은 아니지만 (학원을 잘 다닌다는 뜻) 그렇다고 딱히 공부에 열성을 보이지는 않는다는 것이지요. 경제적인 요인과 관련이 있다고 볼 수 있습니다. 산업화 시대에는 어려운 집안을 일으켜보겠다는 의지로 열심히 공부하는 경우가 많았습니다. 공부만 열심히 하면 기회를 잡을 수 있다는 믿음이 있었습니다. 개천의 용 정도는 못 되어도 이무기라도 될 수 있다는 희망이 있었고 실제 그러했습니다. 반면에 요즘의 중산층 이상의 아이들은 경제적인 궁핍을 모르고 자라는 경우가 많습니다. 이런 경우에는 열심히 노력해서 좋은 직장에 취업을 해서 집안을 일으켜야 한다는 생각 자체가 없습니다. 그러다 보니 공부는 순전히 자기 자신의 문제인 것입니다. 자기 스스로 공부에 필(feel)이 꽂히지 않으면 열심히 할 필요를 느끼지 못합니다. 이런 아이들이 공부를 열심히 하려면 '내가 왜 공부를 해야 하는지'에 대한 자각, 즉 공부에 대한 '대오각성(大悟覺醒)'이 있어야 합니다.

어떻게 하면 대오각성을 시킬 수 있을까요? 이거야말로 자식 키우는 데 제일 어려운 문제입니다. 학부모마다 전략이 있으시지요? 현수 아버지처럼 '공부해야 제대로 산다'는 세뇌가 가장 강력하지 않을까요? '공부 못하면 떨거지가 되고 만다'는 공포심 조장! 학구열 높은 데로 이사도 가고, 친구 등 주변 분위기도 잘 조성하고, 때로는 비교도 하고, 설득도 하고, 혼내기도 하고, 칭찬도 하지요.

차근차근 살펴보겠습니다. 아이가 어릴 때 잘 통하는 것은 '상(賞)'입니다. 용돈, 휴대폰 사용시간 등입니다. 이것은 아이가 어릴 때만 통하는 경향이 있습니다. 어차피 '상'의 약효는 점점 떨어지니 지속할 수 없는 방법입니다. 그러나 아이가 커도 긍정적 보상은 여전히 중요합니다. 특히, 칭찬과 인정은 꼭 필요한 마음의 보상입니다.

다음 단계는 '관계'입니다. 아빠와의 관계, 엄마와의 관계 때문에 공부를 합니다. 부모의 기대에 부응하는 것입니다. 그러나 부모와의 관계가 좋지 않은 경우에는 이것이 전혀 작동하지 않습니다. 사춘기가 되어 자의식이 강해지면 효과가 약해지는 경향이 있습니다.

다음은 '책임'입니다. 학생으로서의 책임감, 가족 구성원으로서의 책임감으로 공부를 하는 것입니다. 자기 규율과 내적인 책무성이 강한 아이들은 스스로 공부하는 계기가 됩니다. 학생은 당연히 공부해야 한다는 유형입니다.

'진로'는 스스로 대오각성하는 가장 중요한 동기부여가 됩니다. 좋은 꿈을 갖게 되면 학교생활을 열심히 하게 됩니다. 공부의 의미를 알게 됩니다. 공부 스트레스를 이겨내는 힘을 갖게 됩니다. 자기주도학습을 하게 됩니다. 학창시절에 장차 어떤 삶을 살아야겠다는 생각과 고민이 무엇보다 중요한 이유입니다. 그래서 진로교육이 정말 중요합니다.

무엇보다 공부에는 '적성'이 필요합니다. 지적인 활동이 재미있고 책 읽기를 좋아하는 아이는 공부 적성이 있습니다. 책 읽으라고 하지 않아도 책을 좋아합니다. 이런 아이들이 진로가 분명하고 자기 책임감이 강하면 큰 공부를 하게 됩니다.

'강제'라는 부정적인 자극도 있습니다. 성적 나쁘다고 혼내거나, 현수 아버지처럼 미래에 대한 공포감을 조장한다거나, 공부 못하는 아이들에게 손가락질을 하는 것이 그렇습니다. 이런 부정적인 자극은 아이의 자존감을 상하게 할 뿐 아니라, 심한 불안감을 조장하게 됩니다. 또한 부정적인 자극을 받을 정도면 이미 공부 적성은 약하다고 보아야 합니다. 오죽하면 부모가 이런 자극을 주려고 하겠습니까? 부모한테 "공부해!"라는 말을 듣는 아이는 이미 큰 공부할 아이는 아닙니다. 우리 부모님들이 아이에게 공부하라고 말하는 빈도가 높을수록 아이의 공부 적성은 약하다는 징조입니다.

'경쟁'은 스스로의 부정적인 자극입니다. 사회적 압력입니다. 어른들은 이를 이용합니다. 경쟁을 시킵니다. 사람은 지기 싫어하는 경향이 있습니다. 경쟁심은 성적이 비교적 좋은 아이들이 많이 갖습니다. 1등을 차지하려는 경쟁심이 이를 악물고 공부하게 하는 마음의 자극이 됩니다. 그러나 이것은 아이의 마음을 피폐하게 합니다.

부정적인 자극은 아이에게 큰 스트레스가 됩니다. 성적이 조금 높으면 무엇하겠습니까? 아이의 마음이 상하고 정신이 황폐해진다면요? 그깟 점수가 뭐라고요……? 무엇보다 부정적인 자극은 큰 공부를 할 수도 없고 오래가지도 못합니다. 우리 아이들을 고통스럽게 할 뿐입니다.

결국, 바람직한 대오각성은 우리 아이들이 긍정적인 마음으로 미래의 꿈을 위한 준비로서 공부를 받아들이도록 하는 것입니다. 스스로 마음먹은 긍정적인 생각이 오래 공부하고 보람 있게 공부하는 원천입니다. 그런 마음을 먹도록 부모와 선생님의 따뜻한 관심과 코칭이 무엇보다 중요합니다. 그리고 기다려주어야 합니다. 대오각성은 부모가 원하는 때 일어나는 것이 아니니까요.

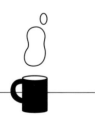

참는 자가 이기는 자

마시멜로는 물, 젤라틴, 포도당 등으로 만들어진 부드러운 과자입니다. 달콤한 맛에 아이들이 아주 좋아하지요. 하나 먹으면 하나가 또 먹고 싶어지는 그런 맛입니다. 이 과자는 아이들 군것질거리로 인기가 있지만 심리학 실험으로도 유명해졌습니다.

1970년대 스탠퍼드대학교의 월터 미셸(Walter Mischel) 교수는 4~6세 아동들을 대상으로 '지연된 만족(delayed gratification)'을 연구하는 실험을 했습니다. 아이에게 마시멜로가 담긴 접시를 앞에 놓고 15분 동안 마시멜로를 먹지 않고 기다리면 한 개를 더 준다고 합니다. 그리고 나서 아이를 혼자 남겨놓고 선생님은 나갑니다. 일부 아이들은 바로 먹었고 일부 아이들은 15분을 기다려서 마시멜로를 하나 더 받았습니다. 훗날 추적 연구 결과에 따르면 유혹을 좀 더 오래

참을 수 있었던 아이들은 청소년기에 학업 성적이 우수했고 스트레스를 견디는 힘도 강하다는 놀라운 결과를 얻게 됩니다. 이 연구 결과에 대해서는 비판론도 있지만 어릴 적 형성된 자제력이 훗날의 삶에 큰 영향을 미친다는 것을 잘 보여줍니다.

우리의 중·고등학교 시절은 어찌 보면 마시멜로 실험과도 같습니다. 친구, 이성, 운동, 각종 놀이, 게임 등을 모두 참고 공부에만 매진해야 원하는 입시 결과를 얻을 수 있기 때문입니다. 결국 대학 입시는 학창 시절의 그 지루하고 답답한 학업의 시간을 견디느냐 못 견디느냐에 달려 있습니다. 일류대학에 합격한 학생들의 사춘기는 대학 시절에 시작된다는 말이 있을 정도입니다. 일류대학 진학의 성공 여부가 학습 능력의 문제일 수도 있지만 그저 참을성의 문제일 수도 있습니다.

이러한 과정을 거쳐서 힘들게 진학하는 일류대학이기에 대학 진학에 성공한 학생은 성실하고 인내심이 많다고 인정을 받게 됩니다. 거꾸로 성적이 좋지 못하면 불성실한 학생이 됩니다. 여기까지면 그래도 괜찮은데 한 걸음 더 나아가 인성까지 연결되기도 합니다. 성적이 좋으면 또는 좋은 대학에 진학하면 인성도 좋다고 평가받습니다. 이것이 모든 것을 참아낸 모범생 프레임입니다. 이 부분이 공부에 대한 생각을 경직되게 합니다. '공부=성실'이라는 프레임에서는 좋은 대학을 못 가면 불성실한 아이가 됩니다. 부모 입장에서는 성실한 삶, 성실하게 하는 공부를 채근할 수밖에 없습니다. '좀 꾹 참고 공부만 하면 되는데 왜 그걸 못하느냐?' 또는 '성실하게 학생의 도리를 다해야 한다.' 이것이 많은 학부모들이 갖고 있는 건전한 공부관입니다.

성실 프레임이 더욱 확대되면 자부심을 넘어 편견과 배척으로 나아가게 됩니다. 꾹 참고 열심히 노력한 것에 대한 보상심리, 즉 본전 생각이 납니다. 자기보다 성적이 낮은 학생들에 대한 우월감과 비하 의식을 갖기 쉽습니다. 자신의 학벌은 자신이 성실하게 노력해서 쟁취했고, 그렇지 못한 경우는 불성실한 결과이기 때문에 좋지 않은 대접은 당연하다고 생각합니다. '승자'라는 성취감은 고생해서 쟁취한 학벌에 대한 특권의식을 갖게 합니다. 소위 SKY 대학 출신들만 가입이 가능한 폐쇄적인 소개팅 앱이 논란이 되기도 합니다. 성적에 의한 대학 입학과 학벌의 쟁취는 공정한 경쟁의 결과라고 합니다. 그러나 대학에 들어가는 경쟁이 공정하다면, 대학 졸업 이후의 경쟁 역시 공정해야 합니다. 학벌 메리트가 작동한다면 공정한 경쟁이 아닙니다. 학벌 쟁취의 공정은 강조하면서도 사회에서 학벌의 우월성과 배타성을 강조하는 것은 불공정한 경쟁과 특권을 용인하는 것입니다.

많은 연구와 실증 데이터는 대학 진학의 승리는 학생 개개인의 노력도 중요하지만 사회·경제적 배경이 큰 영향력을 미치고 있다고 봅니다. 돈이 실력입니다. 어쩌다 능력 있는 부모를 만나서 어릴 때부터 좋은 문화적 환경 속에서 돈 걱정 안 하고 대학 등록금 걱정 안 하고 맘 편하게 공부할 수 있습니다. 경제력은 사교육 투자로 나타납니다. 만약 모든 학생들이 사교육 없이 공교육 속에서 오롯이 자신의 노력만으로 경쟁을 한다면 지금의 승부는 달라집니다. 결국 학생의 성공은 부모 덕을 본 것이지 전적으로 개인의 승리는 아닙니다. 출발선이 다른 게임에서 승리한 것일 뿐입니다. 특권의 승리를 공정이라고 합리화하는 것은 아닌지 한번 더 생각해 보아야 합니다.

마시멜로 실험에 대해서도 '사회·경제적 배경이 개인적 성향보다 더 큰 영향을 미친다'는 비판도 있습니다. 많이 참는 아이들의 사회·경제적 배경이 높고, 이 아이들은 다음을 기대할 수 있는 신뢰와 경제적 가능성을 알고 있기 때문에 기다리면 두 개를 받는다는 확신이 있었다는 것입니다. 반면에 참지 못한 아이는 다음을 기약할 수 없는 어려운 상황에 대처하는 경험에 따라 현실적인 선택을 한 것으로 봅니다.

우리 학부모들도 학창 시절을 돌아보면 아마 그럴 것입니다. 완벽하게 인내해서 성공한 사람은 어느 정도나 될까요? 1등급 4%, 조금 더하면 2등급 7% 합해서 11% 정도입니다. 인내의 결과로 입시 경쟁에서 승리한 학부모들은 자녀들도 그래야 한다고 생각합니다. 철저한 자기관리, 성실성, 자기 인생에 대한 책임감을 갖고 사는 결과가 성적이고 따라서 학생 때는 열심히 공부하는 것이 당연하다고 생각합니다. 이런 성실한 노력을 한 사람이 인생에 성공할 자격이 있다고 봅니다.

인내에 성공해 좋은 학벌을 쟁취한 부모 중 일부는 자기 자식은 열심히 공부시켜 특목고를 거쳐 좋은 대학에 보내 놓고, 다른 집 자녀들이 특목고를 가고 명문 대학 입시경쟁에 뛰어드는 것을 비판합니다. 특목고나 학벌에 대한 문제의식을 갖고 있을지는 몰라도 학창

시절에 열심히 성실하게 살아야 한다는 모범생 프레임을 여전히 갖고 있을 뿐더러, 학벌이 우리 사회에서 너무도 강력한 힘이라는 것을 잘 알고 있는 부류입니다. 누군가 의사도 되고, 변호사도 되고 교수도 되어야 하는데 그 누군가가 반드시 내 자식이길 바랍니다. 부모 마음은 다 같으니 탓할 수는 없습니다.

많은 경우는 아니지만 자신이 학창시절에 너무 고생한 것에 대한 비판적인 생각으로 자녀에게 공부를 크게 강요하지 않는 경우도 있습니다. '그래, 내가 살아보니 공부가 다가 아니더라. 공부가 아니더라도 네가 하고 싶은 거 하고 살아도 충분하다'는 생각입니다.

반면에 학창 시절에 인내하지 못한 학부모들은 사회생활의 경험을 통해 학벌의 중요성을 뼈저리게 알게 되고 후회막급한 심정으로 자녀에게 학업을 강요하게 됩니다. 물론 자녀의 성공이 바람입니다만, 자녀의 학벌을 통해 자신의 대리 만족과 사회적 위신을 갖고자 하지는 않았을까요?

좋은 환경이건 아니건 우리 아이들의 학창 시절은 마시멜로를 먹느냐, 마느냐의 선택입니다. 공부의 즐거움, 하고 싶은 일에 대한 다양한 체험, 친구들과의 놀이, 미래를 꿈꾸는 학창 시절은 온데간데없고, 오로지 인내로 버티는 청소년기를 보내야 하는 우리 아이들을 우리는 어떻게 구원할 수 있을까요?

"요즘 아이들은 꿈이 없어."

"아니요, 엄마가 모르는 꿈을 꾸는 거예요!"

3장

가는 길은 알고 가야 한다

가지 않은 길

단풍나무 숲 속에 두 갈래 길이 있습니다

몸이 하나니 두 길을 가지 못하는 것을 안타까워하며,

한참 서서

낮은 수풀로 꺾여 내려가는 한쪽 길을

멀리 끝까지 바라보았습니다

그리고 다른 길을 택했습니다

……

로버트 프로스트의 〈가지 않은 길〉, 참 유명한 시입니다. 우리 삶에는 선택의 순간이 있습니다. 최선을 다해서 좀 더 괜찮다고 생각되는 길을 선택합니다. 그래도 가지 않은 길에 대한 미련도 있고, 때로는 그 길이 더 좋을 거라고 생각합니다. 우리 학부님들은 학창 시절에 무슨 꿈을 꾸셨는지요? 지금, 그 꿈을 실현하고 계신지요?

지금 가고 있는 길 또는 지금까지 걸어온 길은 운명인가요? 나의 선택인가요? 진로를 선택하는 데 무엇이 가장 큰 영향을 끼쳤는지요? 학교 진로교육이 확대되면서 학부모들이 '나도 학창 시절에 이런 진로교육이 있었다면 다른 길을 갔을 것이다'라는 이야기를 많이 한다고 합니다. 어른이 되어 되돌아보니 지금 나의 길을 오게 만든 것은 어떤 연유에서일까, 참 깊이 생각하게 합니다.

대학 시절, 나름대로 힘들었습니다. 학교를 그만두려고 하다가 어느 날 우연히 길거리에서 점을 보았습니다. 역술가가 말하길, "사주에 글월 문(文) 자가 들었으니 꼭 공부를 해야 하네." 그리고 대학은 꼭 마쳐야 한다고……. 그 뒤로 매 학기 등록금 걱정은 하면서도 학사 과정 두 곳, 석사 과정 대학원 두 군데에 마침내 박사까지 했으니 운명은 운명인 모양입니다. 그때 길거리 역술가가 무의식 속에 듣고 싶었던 말을 해준 것은 아닐까 생각합니다. 원래 공부 선수였던 정체성을 다시 찾아준 것이지요. 그 뒤 몇 년 동안 도서관에서 살면서 그 길이 적성에 맞는 유일한 사회적 생존의 길이라는 것을 잘 알았기에 열심히 공부했습니다.

돌아보면 우리 삶에는 어떤 계기가 있습니다. 스스로 대오각성하기도 하지만 부모님, 선생님, 친구 등이 결정적인 영향을 주기도 합니다. 우리의 삶을 돌아보면 인생의 변곡점이 되는 중요한 멘토나 어떤 사건이 있었을 것입니다.

우리 아이들 역시 커가면서 자신의 삶의 길을 선택해야 합니다.

"너는 커서 뭐 할래?" 이 질문에 아이들도 많은 고민을 합니다. 이런 질문은 나이가 어릴수록 참신하고 꾸밈없는 답이 많이 나옵니다. 우주인, 과학자, 양궁선수, 소방관, 빌 게이츠처럼…… 어쩌다 대통령도 있고요. 그러다 커가면서 꿈은 점점 구체화되어 갑니다.

아이들의 꿈에 부모의 역할은 결정적입니다. 아이들은 자연스럽게 부모의 직업을 선망하게 되고 또는 부모가 원하는 직업을 꿈으로 갖는 경향이 강합니다. 아이들은 부모의 기대를 먹고 자랍니다. 부모가 자신에 대해 어떤 기대를 갖고 있는지 아이들은 너무도 민감하게 반응합니다. 자녀에 대한 칭찬 한 마디가 아이의 운명을 바꿀 수도 있습니다. 칭찬, 또 칭찬이 특효약입니다. 반대로 부모의 낮은 기대는 아이의 자존감을 약하게 합니다. 아이들에 대한 부모의 말 한 마디가 좌절을 줍니다. 부지불식간에 부모의 비난과 질책과 한숨과 자포자기식 발언은 아이의 희망의 싹을 자르게 됩니다. "너는 커서 뭐가 되려고 그러니?", "네가 그런 걸 어떻게 해!" 등의 말을 해서는 안 됩니다.

'줄탁동시(啐啄同時)'. 스스로 알을 깨고 나오지만 누군가가 밖에서 도와주고 응원한다는 뜻입니다. 이런 역할은 부모나 선생님의 몫입니다. 아이는 미래의 꿈을 갖고, 부모와 선생님의 역할은 이 꿈을 인정하고 지지해주는 것입니다. 비록 아이의 꿈이 부모의 생각과 다를지라도 우선은 인정해주고 더 깊이 생각할 기회를 주어야 하겠지요. 그러면 아이들은 타고난 자신의 운명을 찾아갈 것입니다.

꿈이 없는 아이

아이가 꿈이 없다고요? 뭐라도 하고 싶은 것이 있으면 같이 고민을 하겠는데 아무런 꿈도 없이 멍하니 있어 보일 때는 부모는 마음이 답답합니다. 그렇죠?

청소년기 때는 명확한 꿈을 갖지 않는 경우가 많습니다. 단순히 '꿈이 없다'는 것을 문제로 볼 수는 없습니다. 고등학교 때까지 자기의 미래를 명확하게 정하지 못하는 경우는 흔한 일입니다. 이런 경우는 아이에게 아직 뭔가가 크게 다가오는 것이 없어서입니다. 또는 아이가 하고 싶은 일이 아직 이 세상에 나타나지 않았을 수도 있습니다. 좀 더 많이 생각하도록 여유를 갖고 기다려야 합니다.

서구에서는 청소년기에 자신과 자신의 미래를 생각해 볼 수 있는 시간을 갖도록 하는 제도가 있습니다. 전환학년제(Transition Year,

아일랜드), 갭이어(Gap year, 영국 등) 등입니다. 전환학년제는 중학교 단계를 마친 후에, 갭이어는 대학에 진학하기 전 1년 정도 통상적인 학업 대신에 다양한 활동을 통해 자유롭게 자신의 진로를 고민하도록 시간을 갖는 제도입니다. 우리에게도 이런 여유가 있으면 좋겠습니다. 우리는 치열한 대학 입시 경쟁 때문에 고등학교가 아닌 중학교 과정 중에 자유학기제를 실시하고 있습니다.

대학에 가서도 진로 변경은 충분히 가능합니다. 요즘은 전과제도가 활발하게 운영되고 있고, 다른 대학으로 편입도 과거에 비해 크게 어렵지 않습니다. 대학원 진학을 통해 좀 더 깊이 있게 전문 분야를 공부할 수도 있습니다. 아주 경쟁이 심한 대학이 아니면 나중에라도 각성하고 공부할 수 있는 기회는 넓어지고 있습니다.

전(前) 미국 대통령 버락 오바마(Barack Obama)는 고등학교 때 술과 약물에 빠져서 공부하고는 담을 쌓고 살았던 문제아였습니다. LA의 한 이름 없는 대학에 진학한 후 대오각성해서 뉴욕의 명문 컬럼비아대학교에 편입을 하게 되고 이후 하버드대학교 로스쿨까지 진학을 하게 됩니다. 이제 우리나라에서도 충분히 가능한 일입니다.

고등학교 때 공부에 조금 신경을 쓰지 않는 것은 큰 문제가 아닙니다. 자기 자신의 자존감, 자아정체성을 갖고 자신의 삶을 어떻게 살 것인가를 생각하는 것이 더욱 중요합니다. 사회적 품성을 쌓는 것이 중요합니다. 좋은 품성과 건강한 정신, 튼튼한 신체를 가꾸어 간다면 언젠가 뜻이 정해질 때 공부는 저절로 하게 되고, 그렇게 시작해도 결코 늦지 않습니다.

공부에 관심이 없다고 책망하거나 비난하기 전에 아이의 마음을 헤아려보고 청소년기의 온갖 갈등을 슬기롭게 헤쳐나올 수 있도록 자존감과 용기를 북돋아주는 것이 더욱 중요합니다.

"성적이 이렇게 안 좋은데 너는 커서 뭐가 되려고 그러냐?"라는 말은 절대로 해서는 안 됩니다. 대신에 "그래, 뭐든지 네가 하고 싶은 것 열심히 해!"라는 격려가 필요합니다. 제일 어려운 일이지만 기다려주는 부모의 인내가 필요합니다.

성적이 좋든 나쁘든 부모가 아이를 자랑스러워해야 아이가 힘이 납니다. 부모와 아이의 좋은 관계성은 정서적인 힘입니다. 고등학교 때가 아니면 대학에서, 아니면 대학원에서, 아니면 직장에서 크게 빛을 보는 사례는 얼마든지 있습니다.

우리의 인생은 알 수 없는 길입니다. 조금 늦게 발동이 걸린다고 초초해 마시고, 언제나 아이에게는 든든한 격려가 필요하다는 사실을 어떤 순간에도 잊지 마시기 바랍니다.

부모와 다른 꿈을 꾸는 아이

"어릴 적에 엄마가 배우라고 해서 무용을 배웠고, 무용이 나한테 맞지 않는다고 생각했을 때는 이미 늦었어요."

"내가 의사가 되어야 한다는 것은 정해진 운명이었지요. 2대째 내려온 의사 집안이니 당연히 저도 의사가 되는 것으로……. 하지만 저는 사실 그림을 그리고 싶었어요."

한 아이가 있습니다. 굳이 나누자면 전형적인 문과 스타일입니다. 국어, 사회, 도덕 등 언어 개념을 다루는 과목을 잘하고 수학은 아주 형편없습니다. 문제는 엄마가 약대를 희망해 고등학교 때부터 이과 공부를 했고 대학도 약대 편입을 위해 화학과를 갔으니 얼마나 공부가 힘들었겠습니까?

긍정적이든 부정적이든 아이의 진로설정에 부모의 영향력은 매우 큽니다. "너는 내 뒤를 이어야지" 또는 "○○가 되었으면 좋겠다"
와 같은 말이나, 때로는 "너는 커서 절대 나 같은 일 하지 마!" 혹은
"너는 저런 일은 절대 하지 마!"라고도 합니다. 특히, 부모에 강한 유
대감을 갖고 있는 아이에게 부모의 영향력은 절대적입니다.

부모가 원하는 진로를 아이가 잘 따라줄 때, 그리고 부모보다 더
좋은 적성을 발견할 때 부모는 얼마나 행복하겠습니까? 손흥민 선수
가 대표적입니다. 축구선수 출신 아버지의 적절한 진로설정, 아들의
적성과 노력이라는 삼박자가 잘 맞아서 세계적인 선수가 되었습니
다. 부모가 아들의 꿈을 펼칠 수 있도록 훌륭한 멘토 역할을 해준 좋
은 사례입니다.

하지만 때로는 아이의 적성과 상관없이 부모가 이루지 못한 꿈
을 대신 실현해주는 아바타로 여기며 자녀의 진로를 설정하는 경우
도 있습니다. 또는 부모가 좋다고 생각하는 꿈을 위해 자녀를 이끄는
경우도 있습니다. 아이의 꿈이 아니라 부모의 꿈일 수 있습니다. 자
녀에게 권유하는 진로가 부모의 꿈인지 아이의 꿈인지 한 번쯤 생각
해볼 필요가 있지 않을까요?

부모가 원하는 진로를 아이가 잘 따라가면 문제가 없지만 그 진
로가 아이의 적성에 맞지 않거나 다른 진로를 원할 때는 갈등이 생깁
니다. 착한 아이가 되고자 하지만, 부모의 뜻과 달리 자기가 진짜 하
고 싶은 일이 생길 때는 참 곤혹스러울 것입니다. 학년이 올라갈수
록, 특히 고등학생이 되면 어느 정도 자기 주관이 생기기 마련이니
부모와 진로 갈등이 생기게 됩니다. 부모의 입장에서도 충격입니다.

그렇게 말 잘 듣고, 학원 열심히 다니던 착한 아이가 이렇게 좋은 길을 놔두고 엉뚱해 보이는 다른 길을 간다고 하니, 믿기지가 않습니다. '내가 너를 어떻게 키웠는데!' 하는 마음에 속이 상합니다.

이 아이는 부모의 뜻에 따라 의사나 변호사가 되었다 해도 영혼의 갈증이 쉽게 가시지 않을 것입니다. 세계적인 작가나 화가 중에는 부모의 뜻이 법률가나 의사인 사람이 많습니다. 독일의 대문호 괴테(Johann Wolfgang von Goethe)가 대표적인 법과대학 출신이고, 시인이자 극작가인 그의 친구 실러(Friedrich von Schiller)는 의과대학 출신입니다. '근대회화의 문을 열었다'는 평가를 받는 세잔(Paul Cezanne)도 법과대학 중퇴생입니다. 야수파로 유명한 마티스(Henri Matisse)도 법률 공부를 하다가 그만두었습니다. 이들이 그냥 현실에 안주했다면 인류 문화에 큰 손실이었을 것입니다.

부모와 아이의 진로에 대한 생각이 다르다고 해서 아이의 생각을 비난하거나 폄훼한다면 아이는 자존감에 큰 상처를 받게 됩니다. 반대를 할 때는 그 이유를 설명하고, 아이가 그 반대를 뛰어넘는 자기만의 생각이 있는지 충분히 이야기해보는 것이 좋습니다. 일시적인 충동인지, 정말 '가지 않은 길'을 가고자 하는지를 알아봐야지요. 이런 충실한 대화는 새로운 길을 가고자 하는 아이에게도 자신의 진로 전략을 설정하는 데 도움이 됩니다. 만약 부모의 반대에 꺾인다면 애초에 그 분야에 성공할 열정과 자질이 없는 것으로 보아야 합니다. 반면에 아이가 열정과 실력이 있다면 쉽게 포기하지 않습니다. 어떤 것에 열정이 있다면 그것이 운명이기 때문입니다. 어떤 것에 인생을

"다 너를 위해서 그러는 거야. 너도 나중에는 우리에게 고맙다고 할 거다."

"⋯⋯"

걸 만큼 좋아한다면 말릴 이유가 없습니다. 말릴 수도 없습니다. 부모와 뜻이 달라도 아이의 선택을 지지하는 부모도 많습니다. 자식 이기는 부모는 없다고 합니다. 속이 좀 상하더라도 꾹 참고 보내는 부모의 지지는 큰 힘이 됩니다. 그렇게 자란 아이는 자존감이 높습니다.

그러나 부모가 무작정 반대한다면 아이의 자존감에 상처를 줍니다. 이런 때 부모의 단골 레퍼토리가 있지요.

"다 너를 위해서 그러는 거야. 너도 나중에는 우리에게 고맙다고 할 거다."

여기에는 부모 자신의 만족을 위한 것도 조금은 있지 않을까요?

우리의 삶은 알 수 없는 여정입니다. 더군다나 10년, 20년, 30년 뒤의 세상은 정말 알 수 없습니다. 1970년 이전에 출생한 독자라면 고등학교 때 PC를 보기 어려웠습니다. 지금은 스마트폰, 자율주행차, 로봇 등 엄청난 변화의 물결이 밀려오고 있습니다. 로봇이 힘든 일은 모두 도맡아 하는 시대가 올 날도 멀지 않았습니다. AI의 도움을 받지 않는 일터는 보기 힘듭니다. 지금 초·중학교 학생들이 중장년이 되었을 때, 세상은 지금과는 완전히 다르지 않을까요? 빠른 기술과 사회 변화의 속도를 보면 상상하기조차 어렵습니다. 지금 부모 세대가 노년이 되었을 때는 '꼰대' 중의 '꼰대'가 되어 있을 것입니다. 진정으로 아이를 위한 것이 무엇인지 알 수 없는 일 아닌가요?

부모와 다른 꿈, 부모가 모르는 꿈을 꾸는 아이가 우리의 미래입니다.

세상은 넓고 직업은 많다

우리나라에는 몇 개의 직업이 있을까요? 2020년 「한국직업사전 (한국고용정보원)」에 따르면 16,891개의 직업이 있다고 합니다. 8년 전에 비하면 5,236개가 늘었다고 합니다. 4차산업혁명 등 사회의 발전에 따라 새로운 직업이 많이 생겨났습니다. 빅데이터 전문가, 블록체인 개발자, 드론 조종사 등이 대표적인 신기술 직업입니다. 그밖에 서비스 분야에서도 애완동물 행동교정사, 범죄피해자 상담원, 주거복지사, 창업기획자, 도시재생 코디네이터 등의 직업이 새롭게 등장했습니다.

기술 발전에 따른 새로운 직업의 등장은 우리 아이들의 미래에 많은 영향을 줍니다. 아이들이 성장했을 때는 지금의 성인 세대가 한 번도 겪어보지 못한 신기술의 등장이 있을 것이고, 지금은 없는 직업이 더 많이 생겨날 것입니다. 몇 년마다 수천 개의 새로운 직업이 생겨날 정도로 사회는 정말 빠르게 변화하고 있습니다. 좋은 직업의 개념도 변해가고 있습니다. 한 가지 직업을 갖고 평생을 살아가기도 어려워 보입니다.

우리 세대에는 고등학교 때까지 컴퓨터를 본 적이 거의 없었습니다. 대학 때 복학을 하니 〈흔글〉을 할 수 있는 386급 컴퓨터가 학교에 보급되었습니다. CD HWP/HWP를 간신히 타이핑해 〈흔글〉을 열어 워드를 쳤던 기억이 생생합니다. 이게 도스(DOS) 명령어인 것도 한참 뒤에야 알았습니다. 그러더니 몇 년 후에는 펜티엄과 멀티미디어 시대가 열렸습니다. 막 공직을 시작할 때 인터넷이라는 신세계가 열렸습니다. 인터넷으로 미국 대학원을 검색하고 원서 접수를 했습니다. 유학원을 이용할 필요가 없었습니다. 천리안 채팅은 아름다운 추억입니다. 그 뒤 정보화 사회의 변화는 정말 빨랐고 지금은 스마트 시대가 됐습니다. 메타버스 시대가 다가오고 있습니다. 이 과정에서 얼마나 많은 직업과 기회가 생겼겠습니까?

앞으로도 마찬가지입니다. 기술과 사회의 변화에 따라 새로운 직업이 생겨나고 기존의 직업들이 사라질 것입니다. AI의 등장에 따라 직업세계는 큰 변화를 맞이할 것입니다. 이는 지금 학교에서의 우열이 미래의 사회적 우열을 예측하지 못할 가능성이 높다는 것을 의미합니다. 지금 이루어지는 성적 위주의 학습이 큰 가치가 없을 수도 있습니다. 《사서삼경》이 과거제도의 폐지에 따라 하루아침에 허학(虛學)이 되어버린 것처럼 말입니다.

사회의 발전에 따른 직업의 분화는 직업의 평등을 가져옵니다. 직업의 수가 늘어난다는 것은 그만큼 다양한 직업에 종사하는 것이고, 그 다양한 직업의 가치를 점점 더 평등하게 합니다. 왜냐하면 사회적으로 평균 이하의 기대 가치가 있는 직업은 잘 생겨나지 않기 때문입니다. 한 세대를 35만 명 정도로 가정할 경우에 한 직업 당 종사하는 평균 인원은 21명입니다. 16,000개가 넘는 많은 직업에 적정하게 분포되어 자기의 삶을 꾸려나간다는 뜻입니다. 이렇게 많은 직업이 있는데 한두 가지 직업에 목을 맬 필요가 있을지 의문입니다. 세상은 넓고 직업은 많습니다!

가는 길은 알고 가자

'제 앞가림은 해야지!'

어른들이 많이 하시는 말씀입니다. 제 갈 길을 잘 찾아서 경제적으로 자립한 독립적인 사회인이 되어야 한다는 뜻일 것입니다.

제 갈 길이 곧 진로(進路)입니다. 진로는 방향성입니다. 가긴 가는데 어디로 가는지를 모르고 가는 것은 '방황'이라고 합니다. 목표 지점으로 향하는 길을 따라 가는 것이 진로라는 글자에 내포된 뜻입니다.

아이들이 목표를 정하고 자신의 길을 찾아서 가도록 돕는 것이 진로교육입니다. 지금은 대부분의 중·고등학교에 진로교사가 배치되어 있어 진로교육이 활발하게 진행되고 있습니다. 관심 있는 학부모라면 한 번쯤은 학부모 진로교육에 참여하셨을 것입니다. 직접 참여를 못 하시면 한국직업능력개발원의 커리어넷(www.career.go.kr)에서 진로교육에 관한 정보를 얻을 수 있습니다.

부모의 입장에서 아이와 진로를 이야기하려면 먼저 아이의 성격, 적성, 역량 등을 제대로 이해해야 합니다. MBTI 검사, 진로 적성 검사 등 학교에서 실시하는 많은 검사를 토대로 아이를 객관적으로 이해하는 것이 중요합니다. 아이들의 진로 포트폴리오에 이러한 검사 결과들이 모두 제공되어 있습니다. 나와 다를 수 있는 아이를 객관적으로 바라볼 수 있는 좋은 기회입니다.

한 가지 염두에 두어야 할 것은 아이들의 진로희망은 계속 변할 수 있다는 것입니다. 과학자를 희망하다가 변호사를 희망한다든지 해서 중학교 때와 고등학교 때가 다를 수 있습니다. 고등학교 때는 성적이 현실적인 제약이 됩니다. 의사가 꿈이어도 성적이 좋지 못하면 고민이 됩니다. 자존감, 선생님, 부모, 친구, 주로 언론 매체를 통한 사회 분위기, 성적 등에 따라 미래 희망은 변할 수 있습니다. 인생의 진로는 대학에 가서도 변합니다. 고등학교까지의 변화는 성장 과정에서 지극히 정상적입니다. 진로 포트폴리오가 문제인데 그것은 진로를 변경하게 된 계기나 이유가 분명하면 충분합니다.

고등학교 때의 진로 탐색은 대학에서 공부할 분야를 결정하는 데 큰 영향을 줍니다. 크게는 인문계열, 사회과학계열, 자연계열, 공학계열, 생명과학계열, 예체능계열 등으로 구분되고 100여 개에 달하는 전공이나 학과 중에서 선택하게 됩니다. 지금은 진로교육이 잘되고 있고 진로정보도 충분해서 어떤 학과에서 무엇을 배우고 졸업

후 진로가 어떤지 잘 알 수 있습니다. 문제는 '그 학과가 내 적성에 맞는가?'입니다. 이를 전공적합성이라고 합니다. 전공적합성이 높은 아이들이 대학에서 높은 성취를 보인다고 합니다. 대학은 당연히 성적 1점 차이보다는 전공적합성을 중요하게 여길 것입니다.

고등학교 때 정한 진로설정은 진학할 대학의 전공을 정하고 준비하는 과정입니다. 진로에 따라 대학에 진학한다는 것은 대학 간판 대신에 전공을 더 중요하게 여긴다는 것입니다. 대학 서열주의, 학벌주의가 완화될 수 있는 중요한 변화입니다. 과학자가 꿈인 학생이 대학 간판이나 학벌 때문에 성적에 맞춰 원치 않는 전공을 택한다면 개인적으로나 사회적으로 바람직하지 않습니다.

단순히 학력고사 점수로만 대학에 진학했던 1980년대에는 '대학 간판이냐?, 원하는 전공이냐?'를 정하는 것이 인생의 중요한 결단이었습니다. 당시에는 대학 간판이 더 중요했기 때문입니다. 전공 불문하고 명문 대학에 합격만 할 수 있다면 마치 벼슬자리에 오르는 것과 같은 경사였습니다. 비록 입학 후에 전공이 맞지 않아서 심한 방황을 했을지라도 졸업 후에는 어엿한 명문 대학 졸업장으로 쉽게 취업을 했습니다. 이렇게 할 수 있었던 이유는 이때만 해도 기업들이 전공과 무관하게 평균적인 인재를 뽑았기 때문입니다.

그러나 지금의 상황은 다릅니다. 이제는 학생부종합전형의 확대와 학교 진로교육의 정착으로 우리 아이들이 자신의 진로 적성이 무엇인지 구체적으로 고민해볼 수 있게 되었습니다. 학생부종합전형은 성격상 진로가 불분명하면 포트폴리오를 채울 수 없기 때문입니다.

대학에 들어가서도 무엇을 공부했고 어떤 역량을 갖추고 있는지가 더욱 중요합니다. SKY를 나와도 취업이 안 되는 건 당연한 일입니다. 반도체 회사나 AI 회사에서 전공 불문하고 신입사원을 선발할 이유가 없습니다. 관련 분야에서 경력을 쌓은 전문가를 수시로 초빙하는 방식으로 경쟁력 있는 인재를 확보하고 있기 때문입니다.

대학졸업자의 취업률은 60%를 간신히 넘기고 있는 실정입니다. 대학 간판을 택할지 자신이 좋아하는 분야 또는 장차 유망한 분야를 택할지는 각자의 선택입니다. 그러나 지금의 변화 추세를 보면 학벌보다는 전공이 더 중요합니다. 기업들은 대규모 공채보다는 수시 채용을 늘리고 있습니다. 2022년에 국내 10대 기업 집단 중 대규모 공채를 하는 곳은 3개에 불과하다고 합니다(《이데일리》, 2021.12.28.). 수시채용은 그 분야의 전문성이 있는 인재를 뽑겠다는 취지입니다. 직무 중심으로 신입사원을 뽑습니다. 대학 간판으로 취업하던 시절은 지나갔습니다. 기업이 원하는 직무 역량을 실제로 갖추고 있느냐가 인재의 기준이 됩니다. 전공의 선택은 인생의 방향성을 정하는 것입니다. 대학 간판 때문에 적성에도 맞지 않는 전공을 선택하는 것은 본인에게도, 사회적으로도 큰 손실입니다.

알 수 없는 인생길이지만 그래도 우리 아이들이 목표와 방향성은 갖고 가야 하지 않을까요?

학생부종합전형의 확대와 학교 진로교육의 정착으로
우리 아이들이 자신의 진로 적성이 무엇인지 구체적으로 고민해볼 수 있게 되었습니다.

학생부종합전형은 성격상 진로가 불분명하면
포트폴리오를 채울 수 없기 때문입니다.

공부는 대한민국의 '이데올로기'다.

공부는 사람을 차별하는 도구다.

대한민국의 역사는 공부 투쟁의 역사다.

4장

학창시절에 공부 잘하셨나요?

공부, 공부, 공부!

우리 사회는 아이들에 대한 인사로 "너, 공부 잘해?"라고 종종 말합니다. 아이들이 가장 듣기 싫은 말입니다. 뉘 집 자식을 칭찬할 때는 꼭 "공부는 잘한대?"가 붙습니다. 아이들은 간단하게 공부 잘하는 아이와 공부 못하는 아이로 나누어집니다. 사람들은 너무도 쉽게 "공부 잘해?"라고 물어봅니다. '공부 잘한다'는 기준이 어느 정도인지는 모르겠으나 아이들에게는 심한 스트레스가 되겠지요. 그래서 요즘은 어른들의 질문 금기사항이 되었습니다.

학창시절에 제법 공부를 했습니다. 어릴 적에 운동지능이 아주 낮았기 때문에 동네 아이들과 노는 데서는 인정을 받지 못했습니다. 예를 들면 사방치기, 연 날리기, 공차기 등에서 언제나 뒤처진 존재였습니다. 그래서 어린 마음에 열등감이 많았습니다. 중학교쯤 되니 공부가 나름의 특기가 되었습니다. 공부 잘하는 축에 드니 선생님들의 인정을 받게 되고 학교생활이 의미있어졌습니다. 그때부터 더 열심히 공부를 했습니다. 학교생활에서 공부가 유일한 특기적성이었습니다. 그렇지만 공부가 노는 것보다는 재미없었고, 그저 꾹 참았을 뿐입니다.

그렇게 학창 시절을 보내다 보니, 은연중에 공부를 못하면 불성실하고 노력이 부족하다고 생각하게 되었습니다. 열심히 노력하지 않는 아이들을 이해하지 못했습니다.

'공부는 그냥 열심히만 하면 되는데 왜 못할까?'

아마도 대부분의 학부모들은 자녀에 대해 이런 생각을 할 것입니다. 이런저런 의문은 애를 키우면서 많이 풀렸습니다. 물론 공부를 썩 잘하지 못하는 아이를 보면서요.

아이에 대해 놀라웠던 사실은 높지 않은 성적 때문에 자신은 크게 불행해하지 않았습니다. 성적에 대한 압력이 적기도 했지만 자신의 성적에 자존감을 크게 연결시키지 않는다고 느꼈습니다. 대학 입시의 중요성에 눈을 뜬 고등학교 2학년 이전까지는 "재미있는 학창 시절을 보내는 것이 목표"라고 말하곤 했습니다. 고2부터 꿈이 생겼고, 필요한 만큼 공부를 해서 대학에 들어갔습니다. 제 생각은 이렇습니다. 스스로 만족하면 그만이지요!

우리 아이들이 모두 공부를 잘하면 얼마나 좋을까요. 물론, 뛰어난 학습 능력을 갖고 태어난 아이들이 있습니다. 이런 아이들은 공부하기가 수월합니다. 그렇지 못한 아이들은 공부하기가 쉬운 일은 아닙니다. 공부가 적성에 맞지 않는 아이들을 하루 종일 앉혀 놓고 공부를 시키는 것은 못할 일입니다. 학교 공부 다 하고 밤늦게까지 학원에 가고…….

학습능력이 있건 없건, 공부를 한다는 건 그 자체로 힘든 일입니다. 힘든 것을 참고 열심히 공부하는 아이들은 참 대단합니다. 공부란 개인의 역량과 적성, 자존감, 사회적 위신, 부모와의 관계, 경제력, 열등감과 우월감, 장래 희망 등 너무 많은 연결고리를 갖고 있습니다.

잘 하면 좋은데 쉽게 안 되는 공부, 내 맘대로 안 되는 것이 아이들의 공부입니다.

학교 다닐 때 공부 잘했나요?

이 책을 보고 있는 부모님들은 수능(또는 학력고사) 몇 점 받으셨는지요? 내신이나 수능은 몇 등급이었는지요? 공부 잘한다고 할 정도면 내신 1등급(4%)이나 2등급 이내(11%) 정도는 되어야 하니, 대부분 그저 그런 공부를 했습니다. '반에서 몇 등은 했다!' 이렇게 위안을 삼는 거지요.

아이들의 공부는 우리의 학창시절을 돌아보면 실마리를 풀 수 있습니다. 공부를 잘했던 학부모들은 왜 잘했는지 알 것입니다. 못했던 학부모들은 그 이유를 더 잘 알 것입니다. 공부를 못한 이유는 대부분 '공부 안 하고 놀아서'입니다. 친구와 어울리는 게 좋고, 게임하는 게 좋고……. 때로는 선생님과의 갈등, 부모님과의 갈등으로 공부에 흥미를 잃었을 수도 있습니다. 여러 이유가 있지만 결국은 공부가 재미없어서 열심히 하지 않은 것입니다. 공부하기 싫어서입니다.

학창시절에 참 공부하기 싫었죠? 아이들도 마찬가지입니다. 공부는 참 하기 싫습니다. 재미있는 일은 많은데 꾹 참고 공부만 하려니 잘 안 됩니다. 보통의 아이들은 그렇습니다.

저도 역시 공부보다 노는 것이 좋았지만, 공부를 열심히 했습니다. 밤늦게 공부하다 졸리면 볼펜으로 허벅지를 찔렀던 기억도 생생합니다. "집안에 땅 한 평만 있었어도 그렇게 혹독하게 공부하지는 않았을 거다"라는 말을 종종 친구들에게 하곤 했습니다. 이 말을 전해들은 친구 아들이 "아빠, 우리는 땅이 좀 있죠?"라고 묻더랍니다.

재미없는 공부를 열심히 할 때는 여러 이유가 있지만 공부 적성이 제일 중요합니다. 공부 적성이 있는 아이는 어느 정도 여건과 동기만 있으면 열심히 공부합니다. 공부 적성은 다른 적성도 그러하듯이 소수에게만 허락된 타고난 능력일 수 있습니다. 타고난 적성과 노력이 결합해 진짜 공부, 즉 학문적 성취를 이루는 훌륭한 학자가 나오게 됩니다.

여기 학문적 적성의 좋은 사례가 있습니다. 2012년 9월 미국 물리학회 부회장 및 차기 회장단에 오른 시카고대학교의 김영기 석좌교수 이야기입니다. 고려대학교 물리학과에 입학해 2학년까지는 공부가 뒷전이었는데 3학년부터 물리학에 진지한 관심이 생겨 열심히 공부했다고 합니다. 미국 유학 후 UC버클리대학교 교수를 거쳐 현재는 시카고대학교 물리학과 학과장을 맡고 있습니다. 2000년에는 과학저널 〈디스커버리〉가 선정한 '21세기 세계 과학을 이끌 과학자

20인'에도 뽑혔습니다. 김 교수는 한국의 주입식 공부를 열심히 하는 스타일은 아니었다고 합니다. 우리식 주입식 공부가 아닌 학문 분야에서 자신의 적성을 찾고 세계적인 학자가 된 좋은 사례입니다 (〈중앙일보〉, 2021.9.13.). 부럽지요? 이런 학문적 적성은 하늘이 소수에게만 선물한 달란트(talent)입니다. 그러니 크게 부러울 것은 없겠습니다.

대부분의 아이들은 평범한 공부 적성을 갖고 있습니다. 좀 더 열심히 하면 성적이 오르고, 좀 소홀히 하면 성적이 내려가는 그런 보통의 아이들입니다. 우리 사회는 이런 보통의 서민대중으로 구성되어 있습니다. 대부분의 사람들은 칸트(Kant)와 헤겔(Hegel)을 이해하지 못하고 아인슈타인의 상대성 이론을 모르고 살아갑니다. 대학 수준도 아닌 고등학교 수준의 미적분이라도 완벽하게 해결할 수 있는 국민은 몇 퍼센트나 될까요?

학교 공부는 인간의 능력 중에 겨우 두 세 가지의 지능을 활용한다고 합니다. 실제 인간의 삶을 보면 공부 이외의 역량으로 성공하는 사람들이 더 많습니다. 예술, 문화, 문학, 스포츠, 설득력이 필요한 비즈니스 분야, 기술 등 수많은 직업 분야에서의 성공은 공부 잘하는 것에 달려 있지 않습니다.

여러 분야에서 성공한 사람들은 그 분야의 적성을 발견하고 그에 따라 열심히 노력한 결과입니다. 공부 이외의 다른 적성을 갈고 닦은 덕분입니다. 박지성, 손흥민, 김연아, 박찬호 등은 타고난 소질과 노력이 결합한 결과입니다. 바둑의 이창호, 이세돌 등을 보세요.

바둑계에서는 기재(棋才)라는 말을 많이 씁니다. 어릴 적부터 기재가 뛰어나다 이런 말을 듣습니다. 이 능력은 공부 적성과는 다른 능력입니다. 공부 적성이 없는 아이가 공부를 못하듯이 기재가 없는 아이는 바둑을 잘 두지 못합니다. 스포츠도 마찬가지입니다. 보통의 아이가 바둑 TV를 수십 년을 본다고 해서 이창호 국수처럼 바둑을 둘 수 있겠습니까? 보통의 아이들이 열심히 야구공 던지는 연습을 한다고 박찬호처럼 던질 수 있겠습니까? 다른 여러 직업 분야도 그러할 것입니다. 이 세상에는 수만 개의 직업이 있고 각 분야에는 자기의 적성을 발휘하고 열심히 노력해서 성공한 사람들이 있습니다. 그리고 이들 각각의 적성은 공부와는 다른 능력입니다.

이창호, 이세돌, 손흥민, 류현진 등 각 분야에서 성과를 이룬 사람들이 학교에서 대학 입시에 매달려 객관식 문제집을 풀며 시간을 소비했다면 그 분야에서 그렇게 성공할 수 있을까요? 그 시간이 아까울 뿐 아니라 우리식의 학교 공부가 전문 분야의 성공에 아무런 도움을 주지 못했을 것입니다. 마찬가지로 우리 보통 사람들도 자신의 적성을 찾고 거기에 시간을 투자하는 것이 훨씬 더 성공 가능성이 높습니다. TV 프로그램에 나오는 '생활의 달인'들은 우리의 삶이 얼마나 다양한 방식으로 이루어지는지를 잘 보여주고 있습니다. 살아 있는 경험적 지식과 기술적 숙련을 볼 수 있습니다. 역시 공부 적성과는 또 다른 능력입니다.

지금은 없어졌지만 유럽의 '11세 선발제도'가 적성의 조기 발견과 진로설정을 위한 제도였습니다. 초등학교 졸업 무렵에 이미 공부 적성과 기술 적성을 판단하고 그에 맞게 진로를 설정합니다. 대학 공부는 소수에게만 제공됩니다. 이런 시스템이 가능했던 것은 다른 분야를 선택해도 마이스터(Meister)로서 사회적으로 인정받고 사는 데 어려움이 없기 때문입니다. 공부 적성이 있는 사람은 대학에서 학문을 하고, 기술 적성이 있는 사람은 산업현장에서 직무수행 능력을 인정받아 마이스터 자격을 얻습니다. 이 두 가지 길은 우열의 문제가 아니라 적성의 문제입니다. 인격의 문제가 아니라 소질의 차이입니다. 사회적 위계의 문제가 아니라 역할의 차이일 뿐입니다. 유럽의 정치인 중에는 생산 현장 노동자 출신이 많습니다. 노동운동을 하러 산업체에 간 것이 아니라 원래부터 생산 현장에서 기술인의 길을 걸어온 사람들입니다.

공부 외에 다른 적성에서 성공할 기회가 많이 열려 있습니다. 공부를 통해 성공한 '용'들이 특권 속에 군림하지 않고 서민들을 위해 봉사한다는 신뢰가 있고, 서민대중의 노동이 정당하게 인정을 받고, 인간답게 살 수 있는 기본적인 사회복지가 보장된다면 공부 적성은 그냥 적성의 하나로 쉽게 받아들여집니다. 공부는 공부 잘하는 사람이 하고, 운동은 운동 잘하는 사람이 하고, 음악은 음악 잘하는 사람이 하고, 집 짓는 것은 집 짓는 기술이 좋은 사람이 하면 되는 것이지요.

공부 못하니까 배달하지

　'공부 못하니까 배달하지'라는 말이 비난의 십자포화를 받았습니다. 결국 이 말을 한 당사자는 사과를 했습니다. 학원에서 나온 말이라는데, 사실 학교에서도 가정에서도 쉽게 들을 수 있는 이와 유사한 표현들이 많습니다.

　"네 성적으로 뭐가 되려고 그러니?"

　공부를 잘하고 못하고가 왜 그리 중요할까요? 공부를 잘해야 남에게 뒤처지지 않는 삶을 살 수 있다는 믿음 때문입니다. 우리 사회는 공부 잘하는 것에 지나치게 큰 사회적 가치의 배분이 돌아갑니다. 다분히 조선시대부터 내려온 사농공상이라는 유교적 유물과 근대 이후 권위주의 국가를 이끌었던 테크노크라시(technocracy)들에 대한 선망에서 비롯된 것입니다. 공부를 잘하면 권력을 얻을 수 있고 특권층이 될 수 있었습니다. 공부를 잘하면 20대에도 검사가 되어 '영감' 소리를 들었습니다. 의사가 되면 돈을 많이 벌 수 있을 뿐 아니라 사회적 위신도 높습니다. 80년대까지도 의사는 환자에게 나이 불문하고 반말하기 일쑤였습니다.

게다가 우리 사회에서 공부는 사회적 지위뿐 아니라 인격과도 연결되어 있습니다. 유교적 영향으로 공부를 잘하면 인성도 좋다고 생각합니다. 공부를 잘해야 '괜찮은 사람'이라는 평가를 받습니다. 공부를 잘하면 착하고 성실하다고 인정받습니다. 결국 사람 구실하고 살려면 공부를 잘해야 한다는 생각이 뿌리 깊게 박혀 있습니다.

더군다나 우리 학교는 오직 공부, 즉 성적이라는 숫자로 학생의 가치를 매깁니다. 공부 잘하면 쓸모 있는 착한 아이, 공부 못하면 쓸모없고 별 볼 일 없는 아이, 공부 잘하는 아이들이 어울리면 안 되는 노는 아이……. 사실, 공부 차별의 뿌리는 학교입니다. 이렇게 교육받은 아이들이 성장해 공부로 사람을 차별합니다.

어떤 직업이든 하늘의 소명으로 알고 기술을 연마하거나 사업을 통해 부를 축적하는 서구의 중상주의적 전통에 의하면, 공부는 그저 두꺼운 안경을 쓴 샌님들의 일입니다. 기술로 일군 사업과 상업을 통한 부의 축적이 더 큰 사회적 인정을 받습니다. 공부와 인성을 연결하지도 않습니다. 또한 공부만으로는 권력을 얻지 못합니다. 사회적 지위와 권력은 선거라는 민주적 과정을 통과해야 합니다. 대중의 지지를 받는 사회적 역량과 품성이 더욱 중요한 성공의 열쇠입니다. 이런 사회에서 공부를 선택하는 사람들은 진짜 공부를 좋아해서 하는 것입니다. 그야말로 적성에 맞는 사람만 공부를 합니다. 기술이 좋은 사람은 기술을, 예체능에 소질이 있는 사람은 예체능을, 사업에 소질이 있으면 창업을 합니다. 학교는 이런 다양한 소질 계발을 위한 프로그램을 마련해줍니다.

우리 사회에서 공부는 우리를 속박하는 사슬이 되었습니다. 차별의 도구가 되었습니다. '공부 못하니 배달이나 하지'라는 말은 이렇게 노동의 위계를 전제로 하고 있습니다.

'노동에는 귀천이 있다. 그런데 귀한 노동을 하려면 공부를 잘해야 한다, 공부를 못하면 힘든 노동을 해야 하는 것이 당연하다, 사회적 선호도가 낮은 직업은 공부를 못한 사람이 선택하는 것이고, 좋지 않은 대우를 받아야 한다. 왜? 공부를 못한 사람들이니까.'

이렇게 공부 위계와 노동 위계를 등치시켜 차별의 근거를 만들어냅니다. 공부에 의해 학생의 차별, 학교의 차별, 노동의 차별, 사회적 위계의 차별이 정당화됩니다. 사람들은 공부 잘한 사람과 못한 사람이 차별적 대우를 받는 것이 정당하다고 볼 뿐만 아니라, 능력주의를 내세워 이런 차별을 공정하다고까지 합니다.

공부로 쟁취한 사회적 지위는 공정한 결과로 보아 특권과 권력이 사회적 정당성을 갖게 됩니다. 대중은 특권과 권력을 깨뜨리기보다는 공부를 통한 지위 상승을 더욱 선호하게 됩니다. 우리 사회에서 공부는 특권과 권력, 노동의 위계를 정당화해주는 사회적 이데올로기가 되었습니다. 공부가 노동의 차별, 직업의 차별을 정당화해주는 사회적 도그마(dogma)입니다. 시험능력주의의 심각한 부작용입니다.

공부 잘하니까 착한 거야

영화 〈기생충〉에는 "부자니까 착한 거야"라는 대사가 나옵니다. 그럼, 부자가 착한 이유를 공부로 풀어봅니다. '부자는 공부를 잘합니다. → 공부 잘하는 사람은 착합니다. → 그러니까 부자가 착한 것' 입니다. 우리는 부자를 숭배하기도 하지만 때로는 경멸하기도 합니다. 그러나 공부 잘하는 것은 모두가 숭배합니다.

예전에는 국회의원 선거 때 후보자 합동 연설회가 있었습니다. 1985년 2월 12일 총선 때입니다. 지역 합동 연설회에서 한 후보가 "나는 사법고시를 패스했으므로 시험으로 국회의원을 뽑으면 1등" 이라고 역설했습니다. 그러자 다음 후보자는 "사법고시와 행정고시 둘다 합격했으므로 내가 1등 후보"라고 받아쳤던 기억이 납니다. 주민의 대표를 뽑는 데 공부 자랑을 할 정도로 공부 잘하는 사람에 대한 사회적 인정은 대단합니다. 오늘날에도 많은 국회의원들이 사법시험 합격자입니다.

공부 잘하는 사람에 대한 숭배는 조선시대부터 시작되었습니다. 성리학의 목적이 인격을 닦아 군자가 되는 것이니, 학식은 곧 덕망의 상징입니다. 《사서삼경》을 읽고 시(詩)·서(書)·화(畵)에 능통한 선비가 되어야만 사회적으로 인정을 받고, 양반이 되어 부와 권력을 독점할 수 있었습니다. 향촌(鄕村)에서 행세하려면 최소한 초시에 합격해 생원이나 진사가 되어야 합니다. 과거(科擧)에 급제해 지방관이 되어 금의환향(錦衣還鄕)을 하면 그 지역의 행정권과 사법권을 갖는 어마어마한 존재가 됩니다. 일제강점기 때도 마찬가지입니다. 고등문관시험 합격자가 과거 합격자를 대체했습니다. 조선시대부터 공부는 곧 권력과 특권 그리고 부의 원천이었습니다. 사회적 지배층, 인정투쟁의 승리자, 똑똑한 사람, 사람다운 사람이 되는 척도가 공부입니다.

공부는 부존자원 하나 없는 우리나라가 가난을 극복하고 '한강의 기적'을 이루어 OECD 국가가 되는 원동력이었습니다. 하지만 인간을 차별하는 강력한 사회적 사슬이 되기도 합니다. 공부와 무관한 인격, 그리고 노동의 가치를 모두 공부라는 틀 속에 집어넣고 우리를 속박하고 있습니다. 공부가 대한민국에 사는 사람들에 대한 인간적 가치의 척도가 되고 있습니다. 모두는 존엄하지만 공부 잘하는 사람은 더 존엄합니다.

이 사슬은 다른 사람이 끊어낼 수 없습니다. 우리 각자가 할 수 있는 일입니다. 우리가 학벌에 목을 매는 이유는 학벌로 차별하는 사회에서 살고 있다고 생각하기 때문입니다. 우리 스스로 그렇게 차별하고, 차별받으면서 살고 있기 때문입니다. 그러다 보니 '내 아이가 저렇게 차별받고 살면 어떻게 하지?' 하는 불안감을 갖게 됩니다. 그래서 우리 아이들을 아등바등 공부로 내몰 수밖에 없습니다. 내가 다른 사람을 차별한 손가락이 내 아이에게 오는 것이 두렵기 때문입니다. 결국 내가 먼저 손가락질을 거두어야 합니다.

공부에 대한 생각이 바뀌어야만 기술에 대한 생각, 노동에 대한 생각, 직업에 대한 편견이 사라집니다. 공부에 대한 관점의 변화는 누구나 자유롭고 평등하게 살 권리가 있다는 인간에 대한 사회적 관점의 변화입니다. 우리 사회의 진정한 진보와 민주주의의 성숙은 '공부는 공부일 뿐이다'라는 생각이 보편화될 때 가능합니다. 공부가 특권을 정당화하거나 차별을 합리화하는 사회적 공정 도구로 활용되지 않을 때 진짜 공정한 사회가 됩니다.

공부에 대한 믿음과 숭배는 쉽게 깨지지 않습니다. 우리의 인간관, 세계관이기 때문입니다. 대한민국을 실질적으로 사로잡고 있는 신앙은 '공부교(工夫敎)'입니다.

교과서 유감

우리 어릴 적에 교과서는 학생들의 보물이었습니다. 새 교과서를 받으면 제일 먼저 달력 종이 같은 걸로 정성스럽게 쌌습니다. 달력 종이로 하드커버를 만들었습니다. 학기 초마다 나름의 일거리였습니다. 이렇게 교과서는 애지중지하는 대상이었습니다.

'교과서적이다'라는 말을 자주 듣게 됩니다. 정확하고 틀림없다, 원칙적이다, 따라야 할 모범이다, 이런 의미로 사용됩니다. 교과서는 틀림이 없고 진리를 담고 있고 글자 그대로 '모범적으로 따라야 한다'는 사회적인 믿음을 내포하고 있습니다.

우리 공교육은 일제에 의한 〈조선교육령〉 이후 철저하게 국가주의로 운영되어 왔습니다. 해방 후에도 마찬가지입니다. 당연히 교과서는 국가가 보급했습니다. 학교는 교과서의 내용을 바탕으로 시험을 치르고 그 시험은 학생들의 미래를 좌우하기 때문에 교과서에는 오류가 없어야 합니다. 학습 자료가 부족한 시절에는 교과서가 지식의 보고였습니다. 그러다 보니 국가가 발행하거나 보증하는 교과서는 틀림이 없는 진리를 담고 있다는 굳건한 믿음이 형성되었습니다. 교과서가 국가적인 권위를 갖게 되었습니다.

그러나 교과서는 인류가 체득한 지식의 한 끝자락에 불과합니다. 그것도 살아 있는 지식이 아닌, 죽은 지식일 수 있습니다. 우리 고등학교 교과서에는 임마누엘 칸트가 언급되어 있습니다. 도덕철학과 관련된 한두 가지 명구와 간단한 설명이 있습니다. 그리고 시험에 나옵니다. 칸트의《순수이성비판》을 읽은 사람이 우리 전체 인구 중 몇 퍼센트나 될까요? 칸트의 생각을 전부 다 이해하기는 참 어렵습니다. 그런데 칸트의 명언 몇 가지와《순수이성비판》을 썼다는 사실을 외워서 객관식 문제를 맞히는 것이 지성적으로 어떤 가치가 있을까요?

유신시대에 교과서는 10월 유신을 화려하게 치장하고 있었습니다. 모두 이 교과서로 열심히 공부했습니다. 참 허망한 지식입니다. 교과서에도 관점이 들어갑니다. 사회적 주도세력 또는 정치적 주도세력의 관점이 들어갑니다. 어떤 때는 특정 학파의 견해가 더 많이 강조되기도 합니다. 교과서도 편파적 지식을 담고 있습니다. 교과서가 모두 진리가 아닐 수 있습니다.

선진 국가는 교과서를 민간이 발행합니다. 국가가 이를 보증하지도 않습니다. 교육청 또는 학교가 선택해서 사용합니다. 교과서는 국가적인 권위가 없습니다. 여러 학습교재의 하나일 뿐입니다. 교과서를 사용하지 않을 수 있는 교사의 자율성도 인정됩니다. 교과서에 대한 숭배는 당연히 없습니다. 그러다 보니 문자화된 박제된 지식에 대한 강박이 없습니다. 여러 관점이 있는 사안에 대해서는 어떤 학자들은 이러이러하게 주장한다고 서술하기도 합니다. 예를 들어 '연구에 따르면', 또는 '이러이러한 주장에 따르면'이라는 표현을 씁니다. 지식에 대해 열려 있는 태도입니다.

우리 학교 교육에서는 경험과 실천을 통해서 얻는 지식이 거의 없습니다. 중학교 때 한 번도 보지 못한 돼지의 품종과 특징을 외웠습니다. 고등학교 때는 한 번도 만져보지 못한 기계의 절삭 각도를 외웠습니다. 과학도 열심히 외웠습니다. 진도 나가기 바쁘고 실험실 여건도 안 되니 과학 실험을 하기는 어려웠습니다. 교과서를 외워서 시험 보는 것이 우리의 공부였습니다. 사실을 외우는 것은 그렇게 가치 있는 학습이 아닙니다. 사실을 많이 암기하는 능력은 TV의 퀴즈쇼 같은 데 필요한 능력입니다.

우리 미술 교과서에는 유명 화가들의 그림이 별로 없습니다. 저작권 때문에 많은 비용이 들어가기 때문입니다. 그렇다면 인터넷으로 대영박물관의 그림도 구경할 수 있는데 교과서가 굳이 필요한지 의문입니다. 우리는 고전파, 낭만파, 인상파 화가들의 이름과 대표작을 줄줄 외웁니다. 서구의 학생들은 그런 건 잘 몰라도 유화를 그려보고, 공작을 해보고, 도자기를 빚어봅니다. 박물관에서 삼삼오오 앉아서 그림을 그리는 아이들을 쉽게 볼 수 있습니다.

음악도 마찬가지입니다. 우리는 고전파, 낭만파, 국민파를 줄줄 외웁니다. 슈베르트의 곡이 〈숭어〉인지 〈송어(Die Forelle)〉인지 하는 우스갯소리가 있을 정도로 달달 외웁니다. 80년대 대학가에 돌던 이야기입니다. 한 과외 선생님이 학생에게 슈베르트가 작곡한 가곡은 슈베르트의 'ㅅ'으로 시작한다고 일종의 족집게 과외를 했다고 합니다. 그런데 아뿔싸! 시험 문제가 이렇게 나온 것입니다.

다음 중 슈베르트가 작곡한 것은?
① 숭어 ② 송어 ③ 붕어 ④ 메기

이렇게 우리는 학창 시절 음악가와 그 작품은 열심히 외우지만, 관현악단의 멤버로 자신의 악기를 갖고 합주하는 경험은 갖지 못합니다. 피리 정도 불다가 끝나는 경우가 대부분입니다. 시험공부를 해야 하는데 내신에도 안 들어가는 악기 연습할 시간이 없겠죠. 80년대 고등학교 입학 연합고사가 있던 시절에는 음악, 미술도 객관식으로 시험을 보았습니다. 예술적 체험, 감동…… 이런 것과는 거리가 먼 학습이었습니다. 그러나 예체능에 소질이 없던 저에게는 참 다행인 제도였지요.

국어책에 장편 소설을 담는 것은 분량의 한계가 있습니다. 국어는 문학작품을 직접 읽는 것이 더 의미가 큽니다. 교과서는 한정된 분량의 작품만 수록할 수 있기 때문입니다. 미국 고등학교의 예를 들면 학교 교육 과정에 특정 학년에서 다루어야 할 도서의 목록을 정합니다. 한 고등학교의 예를 들면 AP 영문학 과정에서는 셰익스피어의

《오델로》,《햄릿》, 헤세의 《싯다르타(Siddhartha)》 등을 비롯해 15권의 문학작품을 다룹니다.

교과서는 특히, 국가와 연관된 교과서는 지식의 권위와 박제화를 가져옵니다. 교과서는 토론의 대상이 아니라 언제나 정답이어야만 하기 때문입니다. 마치 조선시대의 《사서삼경》을 외우듯 글자 하나하나가 진리인 것처럼 암기를 하는 학습이 되어버립니다. 국가적 권위를 갖고 있는 교과서는 무조건 믿고 외워야만 하는 대상입니다. 그러면서 '창의성'을 운운하는 것은 어불성설입니다.

교과서가 국가적 권위를 갖게 되면 주도적 계층과 정치세력의 가치가 교과서를 장악하게 됩니다. 교과서가 지식을 담고 있을지는 몰라도 진리를 담고 있지는 못할 수도 있습니다. 그럼에도 교과서적 지식이 권위를 갖고 시험으로 아이들의 미래를 좌우하게 되면 지식에 대한 비판과 토론은 불가능해집니다. 교과서에 있는 대로 시험 문제를 맞히느냐 못 맞히느냐가 중요하기 때문입니다.

이렇게 죽은 교과서를 잘 외워서 시험 좀 잘 보는 능력을 우리는 '공부 잘한다'고 하고 있습니다. 그러나 박제된 지식, 편파적인 지식, 비판이 없는 지식, 경험이 없는 지식, 창의력과 무관한 지식을 조금 더 외운다고 해서 대단한 가치가 있는 것이 아닙니다. 왜 우리가 죽어라 공부를 하는데도 과학 분야 노벨상 수상자가 없을 뿐 아니라 노벨 문학상 수상자도 없을까요? BTS 등 몇몇 성공적인 K-콘텐츠가 있기는 하지만 문화·예술 분야 전체로 보면 아직 우리가 문화강국이라고 하기는 어렵습니다. 권위적 교과서 숭배와 객관식 시험과의 환상적인 조합, 경험과 체험 그리고 생각이 필요 없는 학습이 주된 원인입니다. 우리 사회의 경직성도 교과서에 대한 절대적인 숭배와 비판과 토론이 없는 학습 방식에서 비롯되었다고 할 수 있습니다. 교과서에서 벗어난 자유로운 교육이 새로운 교육과 사회적 진보의 첫 걸음일 수 있습니다.

객관식의 농단

국민학교(초등학교의 옛 명칭) 5학년 때 일입니다. 월말고사를 보면 자기 뒷자리 학생에게 답안지를 넘겨서 채점하도록 했습니다. 그때, 반 아이 한 명이 서술형 문제에서 유신시대 대통령을 선출하는 기관을 '통일주최국민회의'라고 답했습니다. 정답은 '통일주체국민회의(統一主體國民會議)'입니다. '최'와 '체'의 차이입니다. 맞았다고 해야 할까요, 틀렸다고 해야 할까요? 채점을 한 아이는 틀렸다고 주장했습니다. 교과서적 정답은 틀린 것이지만 대통령을 국민도 국회도 아닌 별도의 '통일…… 어쩌고' 하는 기관에서 뽑는다는 것을 알고 있다는 점에서는 맞았다고 할 수도 있습니다. 결과가 어떻게 되었는지는 기억이 나지 않지만 당사자가 울고불고했던 기억은 있습니다. 왜냐하면 이 한 문제 때문에 전 과목 만점을 맞느냐 못 맞느냐가 달려 있었기 때문입니다. 중학교 입학시험도 없어진 때인데 왜 그런 건지 이해가 잘 안 갑니다.

이런 문제를 깔끔히 해결하는 것이 객관식입니다. 애매한 주관적 판단의 여지가 원칙적으로 불가능하기 때문입니다. 만약 객관식 지문에 위 두 가지가 등장했다면 논란 없이 '체'가 정답입니다. 그야말로 논란의 여지가 없는 객관적인 평가입니다.

그러나 다른 관점에서 보면 객관식은 출제자의 의도가 개입되는 다분히 주관적인 평가 방식입니다. 출제자의 선다형 지문 구성에 따라 답이 정해지기 때문입니다. 정답은 대개 가장 옳은 것 또는 가장 옳지 못한 것을 고릅니다. 출제자가 의도한 프레임 안에서만 진리를 고르라는 강제적 진리입니다. 객관식 문제는 대개 "다음 중……" 이렇게 시작합니다. '다음 중'에서만 답을 골라야 합니다.

간단한 예로 물질의 최소 단위를 묻는 질문은 어떻게 문제를 내도 지문 내에서 상대적인 정답만 있을 뿐입니다. 원자, 원자핵, 전자, 중성자, 양성자, 쿼크, 랩톤……. 그러나 물질의 가장 최소 단위라는 진리는 계속 탐구 중인 것이 진리입니다. 그러므로 객관식 문제풀이의 기본은 출제자의 의도에 따라 가장 그럴듯한 정답을 고르는 것이고 정답이 아닌 것을 제외하는 전략입니다. 정답이 아닌 지문은 일고의 가치도 없이 틀린 것입니다. 지식의 독점, 진리의 독점을 전제로 하는 전체주의적인 평가 방식입니다. 그래서 우리는 통일주체국민회의에 대해 생각이나 토론은 하지 않고 그냥 외워버립니다. 생각이 많으면 객관식 문제에서는 오히려 손해입니다.

그러나 아무리 열심히 외워도 객관식은 우리를 참 많이 헷갈리게 하고 괴롭힙니다. 학교 때, 시험을 보다가 고치면 꼭 틀린 경험이 있습니다. 함정 지문에 낚이는 것입니다. 고쳐서 틀린 것만 안 고쳤어도 등수 안에 들었을 텐데요! 객관식은 문자 그대로 객관적이어야 하지만 당하는 학생의 입장에서는 농락당하는 기분이 드는 시험입니다. 이런 헷갈림을 극복해가며 정답을 잘 찾아야 하고, 이 과정을 잘할 때 우리는 '공부 잘한다'고 합니다.

중·고등학교 시절, 시험에 관한 시비가 가끔 있었는데, 선다형 지문이 교과서와 다를 때였습니다. 교과서 밖 내용이 출제가 되면 그건 맞는 답이 될 수 없습니다. 중·고등학교 수준에서 문제가 출제되어야 하는 것이지요. 즉 교과서 내에서, 교과서대로 출제되어야 하고 교과서대로가 정답이 됩니다. 설령 그것이 진리에 부합하지 않는다 해도 말입니다. 국가 주도 교과서와 객관식 문제는 궁합이 딱 맞는 조합입니다. 지식의 박제화와 지식을 복사하는 능력을 배양한다는 역할을 한다는 점에서 그렇습니다.

2022년 수학능력시험의 출제 오류 파동은 이를 잘 보여주고 있습니다. 생명과학Ⅱ 문항에 대한 오류가 제기되었고 결국 법원의 판결로 문항 오류를 인정받았습니다. 수능을 출제한 교육과정평가원은 객관식의 속성을 잘 보여주는 주장을 했습니다. "문항의 조건이 완전하지는 않더라도 학업성취 수준을 변별하기 위한 평가문항으로서 타당성이 유지된다"는 것입니다. 즉, 출제자의 의도대로만 정답을 골라야 합니다. 그러나 법원은 "잘못된 문제의 정답을 그대로 유지한다면 수험생들이 앞으로 과학 원리에 어긋나는 오류를 발견하더라도 출제자의 실수인지 의도된 것인지 불필요한 고민을 할 수밖에 없고, 사고력과 창의성을 발휘해 문제를 해결하는 능력을 기르는 데 초점을 두지 않고 출제자가 의도한 특정한 풀이 방법을 찾는 것에만 초점을 두게 될 우려가 있다"고 지적하고 있습니다. 시험 속의 진리와 보편진리가 다를 수 없다는 자명한 이치를 말하고 있습니다.

객관식은 객관적 공정성 확보라는 편의성으로 활용되고 있습니다. 그러나 학습과정에서의 경험, 생각, 느낌, 성장 등은 평가하지 못합니다. 창의성을 객관식으로 평가할 수는 더더욱 없습니다. 객관식에 대비해 문제집을 풀고 또 푸는 그런 학습으로 우리가 4차산업혁명을 주도할 수 있을지 의문입니다. 인간의 역량을 숫자로 표기하는 것은 비극입니다. 언제까지 우리 아이들을 객관식에 농락당하게 해야 할까요?

학(學)과 습(習)

논어의 첫머리에 "학이시습지(學而時習之) 불역열호(不亦說乎)"라는 말이 나옵니다. '배우고 때로 익히면 즐겁다'는 공자의 경지가 부러울 뿐입니다. 여기에서 유래한 단어가 학습(學習)입니다.

학습은 자율학습, 학습 능력, 자기주도학습 등에 자연스럽게 사용되고 있습니다. 보통 학과 습의 구분이 없이 '학습'으로 사용되지만 논어의 표현을 보면 학과 습은 구분할 수 있습니다. 적어도 선후와 방법적으로는 그렇습니다. 주자(朱子)가 풀이한 것을 보면 학(學)이란 선함을 먼저 깨달은 사람의 행위를 본받아(效) 선(善)을 깨우치고, 습(習)이란 새의 새끼가 날갯짓을 반복하는 것처럼 이미 배운 다음 늘 익히는 것이라고 하고 있습니다.

학습의 시작은 학(學)입니다. 먼저 '깨우침' 또는 '이해'가 있어야 합니다. 학이 일어나지 않으면 습 자체가 불가능합니다. 학은 이해력 또는 지성능력이라고 할 수 있습니다. 쉽게 말하면 좋은 공부 머리입니다. 도덕적 가치의 깨달음을 얻듯이 지적 깨달음을 얻음으로 우리의 내적 역량과 관련이 있습니다.

습(習)은 지적인 측면에서 자기 것으로 만들기 위해 익힌다고 볼 수 있습니다. 쉽게 말하면 복습입니다. 종합하면 학습이란 도덕적인 것이나 지성적인 것이나 내적인 깨달음 또는 이해가 있고 그걸 복습을 통해서 자기 것으로 만드는 과정이라 할 수 있습니다.

학은 학을 이루어내는 내적인 역량과 관련이 있습니다. 내적인 능력은 어느 정도는 선천적이라는 의미를 내포하고 있습니다. 그래서 학의 능력은 사람마다 다릅니다. 아이들의 학의 능력을 판별하기 위해 'IQ 테스트'가 사용되기도 했습니다. 이를 비판하고 학의 다양성을 강조하는 다중지능이론이 등장하기도 했습니다. 그러나 인간의 내적 역량을 측정하기는 매우 어려운 일입니다.

습은 후천적인 노력입니다. 학을 복습해서 자기 것으로 만드는 것입니다. 그런데 이 습은 학의 능력을 전제로 하고 있습니다. 학이 없는 상태 즉 지적인 이해가 없는 상태에서는 뭔가를 익힐 수가 없으니까요.

성적은 학과 습의 능력에 따라 결정되어집니다. 즉, 〈학×습=성적〉입니다. 학의 능력은 잠재 역량까지 포함하고, 습은 현재의 노력을 반영한다고 볼 수 있습니다. 이렇게 학과 습이 합쳐진 결과가 성적입니다.

바람직한 인재는 학과 습이 조화로운 사람입니다. 그러나 습은 한계가 있습니다. 모두에게 주어진 하루 24시간은 같기 때문에 습의 시간을 무한정 늘릴 수는 없습니다. 모두 동일한 습의 시간을 갖는다면 관건은 학의 능력에 달려 있습니다. 새로운 상황을 해석하고 이해하고, 창의력을 발휘하고 등의 능력 역시 학의 능력입니다. 우리가 흔히 인재 선발을 이야기할 때 '잠재역량'이 있는 인재를 강조하는 이유입니다.

그러나 우리의 현실은 성적이라는 결과가 강조되기 때문에 습이 중시되고 있습니다. 우리는 밤잠을 자지 않고 습의 시간을 늘려서 성적을 얻는 것을 가치 있게 평가합니다. 학은 뛰어난데 습이 부족한 학생과, 학은 부족한데 습이 많은 학생이 같은 성적을 얻었다면 누가 더 의미 있는 인재인지 판단하기는 매우 어렵습니다.

습을 강조하는 우리 교육은 학의 즐거움을 경감시키고 있습니다. 습이라는 단순 훈련을 통한 성적 쟁취가 더욱 중요하기 때문에 지적인 깨달음을 얻는 '유레카(Heurēka)'[6] 의 기회가 적어집니다. 학보다는 습이 강조되니 사교육이라는 습의 훈련에만 몰두하게 됩니다. 습만 있으면 성적이 오를 것으로 기대하기 때문입니다. 객관식 평가가 주로 사용되기 때문에 더더욱 그러합니다. 우리 현실에서 공부란 곧 습입니다.

---

6   그리스어로 '알았다', '찾았다'라는 뜻이다. 그리스 수학자 아르키메데스가 몸을 담근 목욕탕 물이 넘치는 것을 보고 왕관에 은이 섞여 있다는 것을 입증할 방법을 깨닫는 순간, 기쁨에 겨워 알몸으로 뛰쳐나오며 외쳤다는 말로 유명하다.

성적은 학과 습의 능력에 따라 결정되어집니다.

즉, <학×습=성적>입니다.

학의 능력은 잠재 역량까지 포함하고,

습은 현재의 노력을 반영한다고 볼 수 있습니다.

또 하나의 문제는 우리의 습이 학의 역량을 향상시키는 것과 무관할 수 있다는 것입니다. 습은 지나간 지식의 축적에 불과합니다. 객관식 문제풀이 훈련이 우리의 지성을 도야할 수 있다고 볼 수는 없습니다. 학이 내적인 깨달음이라면 단순한 문제풀이식 훈련으로는 이루기 어렵습니다. 아이들의 지성은 풍부한 지적 경험과 토론 속에서 길러질 수 있습니다. 독서와 토론과 같은 지적인 경험을 통해서만 학의 능력이 향상될 수 있습니다.

　우리는 아이들의 학의 능력 또는 공부 적성과 무관하게 너무 쉽게 우리 아이들을 습으로 내몰고 있습니다. '조금만 더 열심히 하면 성적이 오를 것 같은데……' 하는 희망 때문입니다. 학의 능력이 부족하거나 공부 적성이 맞지 않는 아이들이 참 힘들겠지요. 그야말로 성적을 향한 희망 고문입니다.

　우리의 학교 교육은 학의 역량을 도야하는 것에 중점을 두는 것이 바람직하지 않을까요? 좋은 교육이란 학생들의 타고난 학의 역량을 최대한 성숙시키는 지적인 경험을 풍부하게 제공하는 것입니다. 지적 성장 또는 지적인 성숙은 지식을 축적하는 것이 아니라 지식을 수용하고 활용하고, 창조할 줄 아는 내적인 역량의 변화를 촉진해야 합니다. 이왕 열심히 하는 공부, 우리 아이들이 지적으로 똑똑해지는 공부를 해야 하지 않을까요?

사교육 문제

사교육! 대한민국의 교육 문제는 곧 사교육 문제입니다. 사교육은 대한민국 학부모들의 가장 현실적인 고민거리입니다. 내 집 마련 다음으로 인생의 어려운 과제입니다. 이제 사교육은 우리에게 익숙한 삶의 한 패턴으로 자리 잡았습니다. 학교 마치고 학원에 가는 것이 정상적인 학생의 삶이라는 착각이 들 정도입니다.

전 국민이 해마다 10조 원의 사교육비를 지출하고 있습니다. 엄청난 사교육비가 사회문제가 된 지 오래입니다. 학부모 입장에서는 난감한 문제입니다. 이제는 사교육에 이골이 나서 정부를 원망하지도 않을 정도입니다. 안 시키자니 불안하고, 조금 더 시키면 성적이 오를 것도 같고, 그렇다고 남들 하는 거 다 쫓아가자니 경제적인 부담이 너무 크고! 참 어려운 문제입니다.

초등학교 입학 날부터 사교육은 본격적으로 시작됩니다. 초등학교 저학년 때는 피아노나 바이올린 정도 하나 하고 태권도, 수영, 무용 등 하나 해서 예체능 분야에 두 개 정도는 합니다. 영어회화는 필수입니다. 여기에 스피치, 독서 토론 등이 추가되기도 합니다. 그러다 5학년 정도 올라가면 예체능이 정리가 됩니다. 적성에 맞지 않으면 아이들이 싫어하니까요. 그리고 예체능의 빈자리는 대개 수학이 차지합니다. 분수로 하는 사칙연산이 시작되면 수학 적성이 드러나게 되고, 부족하다 싶으면 학원으로 가게 됩니다.

중학교에 진학하면 본격적으로 공부 과외가 시작됩니다. 영어와 수학은 필수입니다. 특목고에 진학하려는 경우에는 내신 관리를 위해 사실상 전 과목을 학원에 다니기도 합니다. 중학교 사교육은 특목고가 주범이라고 하는 이유입니다. 고등학교에 진학하면 영어, 수학에 집중하거나 또는 영어는 이미 끝냈으므로 수학에 집중하고 내신 관리를 위해 다른 과목으로 확대하기도 합니다. 자녀가 1명이면 그래도 견딜 만하지만 2명이면 큰 부담이 됩니다.

그런데 정말로 사교육이 효과가 있을까요? 이것은 참 어려운 문제입니다. 여러 연구는 효과가 적다고 하는데 그렇다면 순전히 심리적 효과일까요? 효과도 없는데 그 많은 돈을 들일까요? 우리 학부모들이 그리 어수룩하지는 않습니다.

학원의 주 역할은 습의 기능입니다. 시험에 대비한 반복적 연습에 치중합니다. 핸드폰 게임이나 하면서 빈둥거릴 시간에 학원에 가서 공부를 한다면 도움이 되겠지요. 객관식 시험은 성격상 문제를 풀고 또 풀고 하는 연습이 매우 중요하기 때문입니다. 이런 면에서는 학원에 가는 것이 효과가 없다고 단정할 수 없습니다. 부모들이 '공부한다는 것은 곧 학원에 가는 것'으로 생각하기 쉽습니다.

학원의 습(習)의 효과 즉 반복 학습의 효과가 있다고 인정해도 학(學)의 문제가 남아 있습니다. 여기 두 아이가 있는데, 만약 똑같은 시간에 동일한 학원을 다닌다면 성적은 어떻겠습니까? 그것은 배우는 능력, 즉 내적인 지성능력에 달려 있습니다. 아이들이 똑같이 학원을 다니는데 성적에 차이가 나는 이유는 학의 역량, 즉 이해력의 차이 또는 공부 적성의 차이 때문입니다. 학원에서 똑같은 습이 있어도 학의 능력 차이가 성적의 차이를 가져옵니다. 습이란 배운 것을 익히는 것이기 때문에 배움이 일어나지 않은 아이는 즉, 학이 부실한 아이는 습할 것이 없습니다. 또는 잘못 이해한 것을 바탕으로 열심히 연습을 합니다. 그래서 같은 시간을 공부해도 성적에 차이가 납니다. 이것이 아주 유명한 강사의 온라인 강의를 전국 수십 만의 학생들이 똑같이 들어도 성적에 차이가 나는 이유입니다. 아이들 각자의 학의 능력이 여전히 변수가 됩니다. 학원은 도깨비 방망이가 아닙니다.

성적은 학생 내부의 배움이 일어나는 능력에 달려 있습니다. 다시 말해, 공부 적성이라고 부를 수 있습니다. 같은 시간을 공부하면 성적은 결국 이 공부 적성에 좌우됩니다. 흔히 머리가 좋아서 공부를 잘한다고 합니다. 운동신경이 뛰어나야 운동을 잘하는 최고의 선수가 되는 것과 같습니다. 그러나 공부 적성이 부족해 학이 제대로 이루어지지 않은 상태에서는 아무리 학원을 다녀보았자 한계가 있습니다. 이렇게 많은 사교육을 하는데도 일등부터 꼴찌까지 등수가 매겨지는 이유입니다.

학원에서 학이 이루어지게 하면 되지 않느냐고 생각할 수도 있습니다. 흔히 선행학습이란 학교보다 학의 기회를 먼저 제공합니다. 학의 기회를 먼저 제공하나 늦게 제공하나 이를 받아들일 수 있는 능력은 역시 학의 능력이 좌우합니다. 먼저 진도를 나간다고 해서 학의 능력 자체가 신장되는 것은 아니기 때문입니다. 공부를 열심히 한다고 해서 머리가 좋아진다면 한국에서 고등학교를 졸업할 때쯤이면 우리 아이들의 IQ는 세계 최고 수준이 될 것입니다. 초등학교나 중학교 때 벌써 고등학교 수학을 선행하는데 이 아이들이 세계적인 수학자가 되었나요? 왜 과학 분야에서 노벨상 수상자가 나오지 않을까요? 선행학습은 남보다 빨리 시험 보는 연습을 할 뿐입니다. 결코 공부하는 즐거움을 느끼는 시간은 아닙니다. 그저 남을 이기는 시합에 불과한 것입니다. 그런데도 왜 학원 사교육이 통할까요? 획일적 교육과정, 경직적인 교과서, 일제고사식 평가, 객관식 평가 등이 학원의 효율성을 극대화하는 시스템이기 때문입니다. 특히, 학생의 생각을 묻지 않고 출제자의 의도에 따라 정답을 고르는 연습이 필요한 객관식 평가는 사교육의 자양분입니다. 쉽게 말해 암기식 또는 주입식 수업이라는 말이 있는데, 이런 암기와 주입을 위해 최적화된 곳이 학원입니다.

학원을 다녀야 하나요? 말아야 하나요? 현재처럼 객관식 위주의 수업과 평가에서는 열심히 학원에서 연습을 하면 안 다닐 때보다는 어느 정도 성적이 올라갈 것입니다. 현재의 학습과 평가 시스템에서는 사교육이 일정 부분 성적 상승에 기여할 수 있다는 결론에 좀 허망하지요? 그러나 그것은 아이들의 지성적 능력의 범위 내라는 한계가 있다는 점도 분명히 해야 합니다. 사교육의 효과도 학생의 학습 능력에 달려 있습니다. 또한 학원을 다니지 않더라도 혼자서 충분히 복습한다면 역시 성적은 올라갑니다. 한동안 유행했던 '자기주도적 학습'입니다.

사교육을 시켜야 하느냐, 마느냐를 학부모가 개인적으로 고민하기는 어렵습니다. 우리나라는 사교육으로 대응하기에 적합한 교육 시스템이기 때문입니다. 안 하면 나만 손해 보는 제로섬 게임이기 때문입니다. 그러나 사교육을 한다고 해서 다 좋은 결과를 얻지는 않으니, 자식 키우는 일은 참 어렵습니다.

결국 사교육 문제는 국가의 책임입니다. 사교육이 번성할 수 없는, 진정으로 교육적인 교육 시스템을 만들어야 하는 책무가 국가에 있기 때문입니다.

사교육 비판

    한때 강남의 사교육 행태를 소개해 주목을 받은 김은실(2005)은 "대치동 엄마들은 자녀가 돈 잘 버는 사람이나 출세한 사람보다는 엘리트 지식인으로 성공하길 바란다"고 언급하고 있습니다.[7] 그러면서 "대치동에서는 99%의 사교육과 1%의 학교 교육으로 입시를 준비한다"고 말합니다. 사교육 광풍을 엘리트 육성으로 미화하는 것도 수긍하기 어려운데, 결국 사교육으로 이런 엘리트를 육성한다니 놀라움을 금치 못합니다. 한 나라의 엘리트가 학교 교육이 아닌(더군다나 사립학교도 아닌) 학원 사교육으로 육성된다고요? 이게 정상적인 나라인가요? 우리나라 엘리트 특권층은 사교육의 산물이라는 것이 실

---

[7]   김은실, 《사교육 1번지 대치동 엄마들의 입시전략》(이지북, 2005).

로 적나라한 우리의 현실입니다.

사교육의 가장 큰 문제점은 계층 간 교육격차의 주된 원인이라는 점입니다. 지금과 같이 사교육이 유효한 경쟁 구조에서는 대치동이나 강남에 살지 못하는 아이들이 '용'이 될 가능성은 점점 적어집니다. 대치동에 살기 위해서는, 또는 강남의 학원에 보내기 위해서는 고소득이 있어야 하고 충분한 사교육비를 댈 수 있어야 하니까요. 교육이 돈에 의한 투기로 변하고 있습니다. 성적이 돈의 힘에 좌우되는 사회적 투전판이 되었습니다. '돈이 실력'입니다. 돈으로 결판나는 성적으로 사회적 위계를 차지한다면 결국 사회적 위계는 돈의 순서가 됩니다. 대부분 돈 많은 집안의 자식만 의사, 법조인, 교수 등이 될 수 있게 됩니다. 이게 정상적인 나라의 교육이라 할 수 있나요? "모든 국민은 능력에 따라 균등하게 교육받을 권리를 가진다"라는 〈헌법 제31조 제1항〉이 부끄러울 따름입니다.

사교육에 의한 심각한 교육격차는 '모두가 균등한 기회를 갖는 공교육을 통해 인재를 육성하고 발굴한다'는 민주공화국 교육의 근본 취지에 반합니다. 교육경쟁과 선발이 사교육에 크게 영향을 받는 한 공교육의 공정성은 공허한 외침에 불과합니다. 공정한 사회도 요원한 일입니다. 교육의 공정 그리고 공정한 사회를 이야기하면서 돈에 의해 승패가 갈리는 교육에 대해서는 정치·사회적으로 심각한 쟁점이 되지 않는 것이 참 의아할 따름입니다.

'우리 미래 세대가 배워야 할 것을 제대로 배우고 있는가'라는 교육적인 관점에서 보면 사교육의 무용성은 더욱 심각합니다. 사교육을 통해서는 지적 성숙을 가져올 수 없습니다. 또한 21세기 AI 시대에 꼭 필요한 창의성, 사회적 품성 등은 더욱 더 길러질 수 없습니다. 문학작품을 읽고 느끼는 감동, 어려운 문제를 해결했을 때 느끼는 충만한 기쁨, 현미경으로 들여다본 미생물의 세계에 대한 경이로움, 내 주변의 이웃에 대한 이해 등을 학원 학습에서 어떻게 느낄 수 있겠습니까! 사교육은 단지 다른 학생보다 조금 더 높은 등급을 받기 위한 경쟁의 수단일 뿐입니다. 슬픈 현실입니다.

사교육은 그 심각한 폐해에도 불구하고 우리 사회에서 높은 수용성을 보이고 있습니다. 사교육이 사실상 제도화되었다 해도 과언이 아닙니다. 우리 사회에서 민주주의니, 인권이니, 공정이니 외치는 지도층 인사들도 사교육에서는 자유롭지 못합니다. 게다가 사교육으로 자란 세대들이 점차 우리 사회의 주류가 되고 있으니 그 효과를 의심할 이유가 없습니다.

자녀에게 공부를 열심히 시킨다는 뜻은 사교육을 많이 시킨다는 뜻입니다. '학습=사교육'이 되어버린 이상한 학습의 나라입니다.

역설적이게도 사교육은 '공정성' 때문에 번성합니다. 공정성을 확보하기 위해 사용하는 표준화된 객관식 평가는 사교육으로 효과적인 대응을 할 수 있기 때문입니다. 공정성을 강조하면 할수록 사교육이 번성할 수 있는 토양은 더욱 비옥해집니다. 가장 공정성을 자랑하는 수학능력시험은 학원식 사교육과 환상적인 궁합입니다.

수능의 공정성을 강조하는 것은 사교육의 번창을 응원하는 것과 같습니다. 수능은 이제 사교육 경쟁, 즉 돈의 경쟁입니다. 사교육 투자에 자신이 있는 계층은 수능을 강력하게 지지합니다.[8] 자신들에게 유리하기 때문입니다. 투자 대비 효과가 예측 가능하다고 보기 때문입니다. 수능의 공정성을 강하게 지지하는 사람들은 사교육의 영향력에 대해서는 침묵합니다. 사교육을 동원한 불공정한 경쟁인데도 시험 문항이 객관식이라는 이유만으로 수능이 공정하다고 합니다. 그러므로 사교육 없는 수능을 주장해야만 공정성 주장에 설득력이 있습니다. 우리 사회는 사교육도 개인의 자유로운 선택이라고 합니다. 사교육을 학습권이라고도 합니다. 그러나 이것은 불공정한 자유이고 불공정한 학습권입니다. 부자만 누릴 수 있는 귀족 민주주의의 자유입니다. 진정으로 공정한 수능은 오직 학생의 능력과 노력으로만 결판을 내는 것입니다. 실현 가능성은 차치하고, 모든 사교육을 금지하고 순수하게 학교 공부로만 수능을 치릅니다. 이것이야말로 진정으로 공정한 경쟁이 아닐까요? 사교육 자유주의자들은 이런 공정성에는 동의하지 않습니다. 자신에게 유리하지 않기 때문입니다.

객관식 시험 성적으로 우열을 가리고자 하는 입장은 능력주의를 주장하지만 실상 그 능력이 돈에 의해 좌우되는 것을 감추고자 하는 가짜 능력주의입니다. 객관적인 능력주의를 강조하며 그 뒤에 감추어진 격차를 은폐합니다. 부에 의한 격차를 은폐하고 능력주의라는 객관주의와 공정주의를 강조하지만 실상은 사교육에 좌우되는 '황금능력주의'입니다. 사교육을 통한 교육격차의 심화를 방치하면서 공

---

8   물론 개천에도 자기주도학습 역량이 뛰어난 '용'이 있고, 이들을 위해 수능을 강조하는 순수한 취지도 있긴 합니다만, 형편상 사교육을 할 수 없는 잠룡들은 수능 점수 경쟁에서 더 불리할 것입니다.

정한 교육과 공정한 사회를 말할 수 없습니다.

우리는 자유민주주의 국가이니 사교육 지지자들의 승리입니다. 사교육을 금지할 수는 없으므로 공교육에서 해법을 찾을 수밖에 없습니다. 사교육이 번성하는 것은 공교육보다 더 많은 초과 이득을 얻을 수 있기 때문입니다. 공교육 수준이 최상이라면 사교육을 통해서 얻을 수 있는 초과 이득은 적어질 것입니다. 따라서 현재의 사교육비만큼 공교육비가 확대되어야 합니다. 이 혜택은 특히, 중산·서민층에게 돌아갑니다. 사교육비 경쟁에서 뒤진 서민층에게 교육의 기회 균등이라는 헌법적 가치를 실현해줍니다. 물론 상류층은 여전히 교육경쟁의 승리를 위해 사교육을 하겠지만 그 투자 효과는 크지 않습니다.

고교학점제의 도입과 함께, 대학 입시가 수능처럼 단순 객관식에 의존하는 것이 아니라, 학생의 다양한 능력을 평가하는 시스템으로 변화해가면 사교육 의존도는 줄어듭니다. 학생 각자의 진로에 맞는 다양한 과목 선택과 교사 주도의 학습과 평가는 학원 수업을 어렵게 할 것입니다. 학생이 이수하는 교과에 따라 교사가 주도하는 상시적인 학습평가가 정착하면 학원보다는 학교에 더 의존하게 됩니다. 교사가 내주는 그리고 교사마다 다른 과제물, 수업 참여, 각종 에세이 등이 평가 요소가 되면, 동일한 일제식 평가를 전제로 하는 학원 수업이 어렵기 때문입니다. 이런 평가 시스템에서는 학교 수업에 열심히 참여해 토론하고 발표하며 자신의 역량을 드러내는 것이 가장 효과적인 대비책이기 때문입니다.

우리 미래인재의 역량 중에 더없이 중요한 것이 사회적 품성입니다. 공적 책무성, 리더십, 봉사정신과 같은 우리 사회에 기여하는 인재를 선발해야 합니다. 이런 영역은 평소의 꾸준한 학교 교육으로 이루어지고 인정받아야 합니다.

표준화되고 획일적인 학습과 객관식 평가, 부실한 공교육 여건, 미래 역량을 평가하지 못하는 대학 입시와 같은 토양에서 사교육은 번성할 수밖에 없습니다. 따라서 사교육 대책은 사교육이 번성하는 비교육적 토양을 개선하는 것입니다. 획기적인 공교육 투자, 교사 주도 평가, 논술식 평가, 지성과 사회적 품성을 평가할 수 있는 대학 입시의 자율성, 그리고 학생 개개인의 다양성을 중시하는 고교학점제의 정착이 중장기적으로 사교육 수요를 줄일 수 있는 길입니다. 그래도 공교육이 사교육의 사슬을 끊을 수 있는 희망입니다.

학(學)을 위한 교육

우리 사회가 필요로 하는 우수한 인재는 창의적인 지성능력을 갖춘 사람일까요, 아니면 억지로 구겨 넣어진 단순 지식을 많이 갖고 있는 사람일까요? 당연히 지성능력이 중요하다고 할 것입니다. 그러나 지성능력을 입증하는 방법이 현재는 성적뿐이기 때문에 사교육 투자를 해서라도 성적을 높이겠다는 의지를 불태우게 됩니다.

21세기 인재는 학의 능력, 지성능력, 창의적인 문제해결력이 뛰어난 사람이라는 데 이견이 없습니다. 입학사정관제가 잠재역량이 있는 인재 발굴을 강조하는 이유도 그 때문입니다. 반복학습에 의해 축적된 지식보다는 새로운 학습과 혁신을 수용할 수 있는 내적인 역량이 있는 인재가 진짜 인재이기 때문입니다.

사교육의 궁극적인 목적은 대학 입시 경쟁에 있습니다. 본래 대학 입시의 목적은 대학에서 공부할 지적 능력을 판단하는 것입니다. 현재 갖고 있는 지식의 양을 측정하기 위함이 아닙니다. 경쟁력 있는 대학은 신입생을 선발할 때 우리 대학에 들어와서 고등교육을 이수할 수 있는 역량이 있는지를 가장 중요하게 생각해야 합니다. 하버드 대학교라면 사교육을 통해 축적된 지식의 양을 측정하지 않고, 입학후에 토론과 글을 통해 지적인 성장을 하고 미래 사회의 리더가 될 가능성이 있는 인재인지를 판단하고자 할 것입니다.

우리의 교육과정과 평가, 특히 대학 입시가 학생 내부의 지성적 변화를 촉발하는 데 초점이 맞춰진다면 단순 지식의 반복학습을 위한 사교육은 불필요합니다. 지성적인 역량이 떨어지는 아이들이 공부에 목숨 걸지는 않겠지요. 공부 적성이 약한데 돈과 시간을 들여봐야 아무 소용이 없다는 것을 알기 때문이죠. 교육 선진국에서는 재수, 삼수가 드물게 보이는 이유입니다.

그렇다면 학의 역량은 어떻게 키울 수 있을까요? 지성적 도야의 첫걸음은 독서입니다. 독서만이 우리의 내적인 지적 잠재력을 활짝 열어줄 수 있습니다. 학교 공부의 대부분은 지식과 정보를 읽고 이해하는 과정입니다. 따라서 많은 독서는 학교 학습의 기본이 됩니다. 쉽게 말하면 독서는 머리를 단련시킵니다. 머리를 좋게 만드는 유일한 길입니다. 초등학교부터 착실히 책 읽는 습관을 기르고 중·고등학교 때도 꾸준하게 독서를 하는 것이 바람직합니다. 학교의 교육과정 운영도 박제된 교과서에 머무는 것이 아니라 다양한 도서를 활용해야 합니다.

독서와 함께 토론이 중요합니다. 자신의 생각을 타인과 나눌 수 있는 기회를 많이 가져야 합니다. 개념을 이해하고 그 개념을 언어로 표현하는 것은 지적 성숙에 큰 도움이 됩니다. 토론이 없는 주입식 교육이 많은 비판에도 불구하고 여전히 지속되는 것은 우리의 평가 시스템이 좀처럼 변하지 않기 때문입니다. 객관식 평가는 당연히 주입식이 효과적이니까요.

글을 쓰는 것도 지적 훈련을 위해 좋은 방법입니다. 서구의 학교는 에세이 숙제가 많습니다. 많이 읽고, 토론하고 글을 쓰도록 합니다. 단편적인 지식의 축적보다는 지성적 성숙에 더 중점을 두기 때문입니다.

학교 교육은 체험과 실험·실습이 대폭 강화되어야 합니다. 경험이야말로 가장 좋은 학습입니다. 교과서의 글자로 얻는 개념은 살아 있는 지식이 아닙니다. 실험이 없는 과학교육은 개념의 암기에 불과합니다. 과학 시간에 실험·실습의 과정과 결과를 지속적으로 관찰하고 평가한다면 학원 사교육으로 감당하기 어렵습니다.

학교의 교육과정 운영이 학생 개개인의 학의 능력을 배양하는 데 중점을 두게 된다면 우리 국민의 지적 역량을 크게 향상시킬 수 있습니다. 이러한 학의 능력의 평가는 지금까지와는 다른 평가 시스템이 필요합니다. 학생의 내적인 변화는 토론, 발표, 에세이, 서술형 평가 등을 통해 지속적으로 관찰됩니다.

아이들의 지성적인 성숙, 즉 '학을 위한 교육'이라는 교육 본래의 길을 찾는 것이 공정한 교육의 길입니다.

"여러분은 그냥 가붕개로 사세요!"

_ 누군가

5장
———

가붕개 이야기

가재 · 붕어 · 개구리

선생님의 전교 1등 자랑

초등학교 시절에 소달구지 타고 논두렁을 오가던 농촌 마을에서 살았습니다. 1971년에 초등학교에 들어갔는데 새마을운동이 막 시작될 무렵입니다. 2학년 때까지 수업이 끝나면 담임선생님이 모든 학생에게 배급 빵을 나누어 주었습니다. 1학년 때는 봉지가 없는 빵을 나누어 주었고, 2학년 때는 비닐봉지에 든 빵을 주었습니다. 간식거리가 없던 때라 참 맛있게 먹었던 기억이 생생합니다.

모두가 어려운 시절이긴 했지만 그래도 때깔이 좀 나는 아이들이 있었습니다. 선생님 눈에는 괜찮은 집 아이들과 그렇지 않은 아이들이 의식적인 것은 아니겠지만, 그래도 의식은 되었나 봅니다. 당시는 반장을 선생님이 지명하던 때라 좀 때깔 있는 아이들이 반장이 되곤 했습니다. 반장을 했던 아이들은 선생님들의 눈에 띄고 다시 다음

학년에서 반장이나 간부를 할 가능성이 높아지고……. 이렇게 학년이 올라가면서 고착이 되고 맙니다.

초등학교 저학년 때는 육성회비를 못 내는 아이들이 제법 있었습니다. 학교에서는 한 학기 또는 1년 치를 한꺼번에 내도록 권장했습니다. 한 번은 담임선생님이 반 전체 친구들 앞에서 박성수 집은 가난한데도 1년 치를 한꺼번에 냈다고 칭찬(?)을 했습니다. 집에 가서 그 이야기를 전했더니 어머니께서 화를 내셨습니다. 그후 어머니는 매 학년 시작 때마다 담임선생님께 봉투를 드리곤 했습니다.

4학년 때로 기억됩니다. 담임선생님이 수업 시간에 지난 시험에서 전교 1등을 한 학생의 집에 가서 대접받은 이야기를 했습니다. 고급 접시에 수저와 젓가락을 받치는 받침대가 있었다는 등 넉넉한 세간살이를 칭찬했습니다. 그 이야기를 듣는 순간, 엄청 혼란스러웠습니다. 물론 1등을 해본 적은 없지만 '1등을 하면 선생님들을 초대해야 하나?'라는 생각이 들었으니까요. 그러기엔 우리집 여건이 좋진 않았으니까요. 물론 괜한 걱정이었습니다. 초등학교 졸업 때까지 전교 1등을 해본 적이 없었으니까요.

당시에는 초등학교 다닐 때까지만 해도 가정환경 조사를 했습니다. TV, 냉장고, 자동차 등의 소유 여부를 조사했습니다. 졸업 때까지 한 번도 체크를 못했습니다. 심지어 부모님 학력 조사도 했습니다. 학교가 학생들의 사회·경제적 배경에 관심이 많았던 것 같습니다. 이런 조사가 교육적으로 긍정적으로 활용되었는지 부정적으로 활용이 되었는지는 모릅니다만, 조사를 당하는 입장에서는 어린 나이에도 썩 기분이 좋지 않았습니다.

부자 학생, 가난한 학생을 파악하는 것이 왜 중요할까요? 옛날에는 교실 커튼 등 환경 정리가 학부모의 부담이라 학교에 기부할 능력이 있는 학생을 찾기 위해서였을까요? 학교에서 공식적으로 조사한 것을 보면 교육청의 방침이고 거기에는 교육적인 이유가 있었을 것입니다. 복지 차원에서 배려할 아이들을 가려내기 위한 것일 수도 있습니다. 그러나 당시에는 교육복지라는 정책 프로그램이 없던 때라 교육복지 차원은 아닌 듯합니다. 아마 학생 개개인의 가정환경에 대한 이해를 통해서 학생을 잘 지도하고자 하는 목적이라고 짐작됩니다. 담임선생님이 가정방문을 하던 때니까요. 그러나 부유한 학생은 모범생이고 그렇지 않은 학생은 공부도 못하고 문제가 많을 것이라는 선입견에 영향을 미친다면 적절한 방침은 아닐 것이고, 다행히 요즘에는 그런 조사를 하지 않습니다.

학교에서 선생님이 주는 시그널 중에 의도한 바는 아니지만 빈부격차를 느끼게 하는 것은 지양되어야 합니다. 성인이 되어 교사를 하는 친구들이 많습니다. 한 교사 친구가 반 아이들을 보면 어느 정도 사는 집의 아이인지 옷차림 등 행색을 보면 짐작이 간다고 합니다. 만약 선입견을 갖고 아이들을 대한다면 부지불식간에 아이에게 부정적인 신호를 줄 수도 있습니다. 선생님의 의도치 않은 이야기가 아이들을 주눅 들게 합니다. 예를 들어, 여름 방학 때 해외 갔다 온 이야기를 해보라든지 하면 못 간 아이들은 집안 형편이 좋지 못하다는 사실을 확인하는 고통스러운 시간일 것입니다.

아이들의 가정 형편은 그 자체도 문제지만 그것이 다루어지는 상황도 중요합니다. 아이들의 자의식 또는 자존감에 영향을 미치기 때문입니다. 학교에서 가난하고 공부까지 못하는 아이는 무관심의 대상이고 존재감 없는 아이가 되기 쉽습니다. 아이들이 이렇게 대우받아야 하는 이유는 없습니다. 학교에서의 차별과 편견은 사회적 차별과 편견의 뿌리입니다. 적어도 학교에서 만큼은 모든 아이들이 공정하게 대우받아야 하지 않을까요?

잘사는 동네가 훨씬 예의 바르다?

초등학교 선생님으로 추정되는 사람이 직장인 커뮤니티에 올린 글이 언론에 보도되어 논란이 되었습니다. 아파트 밀집지역으로 전근을 오니 학부모가 아이들에게 쏟는 관심, 아이들의 옷차림, 아이들이 수업에 임하는 태도 등이 다르다고 했습니다. "빌라촌 학교에서 수십 억대 아파트가 있는 학교에 오니까 분위기 자체가 다르다. …… 아이들 말투부터 행동과 표정에 이르기까지 모든 게 다르다. …… 잘사는 동네가 훨씬 예의 바르다. 선생의 눈으로 봐도 학군지가 비싼 이유가 있다."(〈데일리안〉, 2021. 9. 16.)

기사에 언급된 초등학교 선생님(추정)은 아파트촌 학교로 발령이 난 후에 더 열심히 수업 준비를 하고 아이들을 더 존중할 것입니다. 그렇게 하면 아이들도 반응이 좋고 더 좋은 교육적 결과를 얻을 수 있는 가능성이 높아집니다.

나중에 이 선생님이 빌라촌으로 다시 전근을 간다면 아이들에 대한 부정적 편견을 갖고 임할 가능성이 높습니다. 선생님이 부정적 선입견을 갖고 아이들을 대한다면 부지불식간에 아이에게 부정적인 신호를 줄 수 있습니다. 자기들에게 높은 기대를 갖지 않는다는 것을 아이들이 느끼게 되면 교육적 결과는 좋지 못할 것입니다. 결국 아이들의 환경 때문이 아니라, 그 환경을 대하는 선생님의 태도가 더 큰 영향을 미칩니다. 애꿎은 아이들만 피해를 봅니다.

미래에 대한 기대 또는 예상이 현실로 이루어지는 경향성을 '자기충족적 예언(Self-fulling prophecy)' 또는 '피그말리온 효과(Pygmalion effect)'라고 합니다. 자기충족적 예언을 교육적 상황에 적용한 유명한 실험이 있습니다. 1968년 로젠탈(Rosenthal)과 제이콥슨(Jacobson)의 실험입니다. 교사에게 한 반에서 임의로 선정된 아이들에 대해 지능이 높고 똑똑한 아이들이라는 정보를 주고 8개월이 지난 후에 보니, 이 아이들의 학업 성취도가 다른 학생보다 높았습니다. 교사가 사전에 똑똑하다고 인식한 아이들에게는 수업 중에 더 높은 기대와 더 많은 격려가 있었다고 분석되었습니다. 교사는 높은 기대를 갖고 있는 아이들을 더 많이 고쳐시키고 더 많은 기회를 주는 등 아이들의 성취에 긍정적인 피드백을 더 많이 했습니다.

이 실험은 교사의 아이들에 대한 긍정적인 기대 하나로 아이들과의 긍정적인 사회적 상호작용이 이루어지고 그에 따라 좋은 학습 결과를 얻을 수 있다는 놀라운 결과였습니다. 또, 학교에서 선생님의 역할이 얼마나 중요한지 알 수 있는 실험이기도 합니다.

사람들은 다른 사람들이 기대하는 대로 행동하는 경향이 강합니다. 특히 영향력 있는 사람들의 기대에는 더욱 강하게 반응합니다. 아이들에 대한 부모나 선생님의 기대는 아이들의 성장에 중요한 영향을 미칩니다. 아이는 부모나 선생님이 기대한 대로 자랍니다.

'말이 씨가 된다'라는 옛말이 있습니다. 어릴 적부터 '착하고 공부도 잘하네!'라는 말을 들어온 아이와 '너 같은 애가 커서 뭐가 되려고 그러니?'라는 말을 듣고 자란 아이의 차이는 매우 큽니다. 지금은 사라졌지만 자기 아이가 선생님한테 긍정적인 격려를 많이 받게 하기 위해 학부모가 건네던 촌지(寸志, '작은 정성'이라는 뜻) 문화가 있었습니다.[9]

아이들에 대한 낮은 기대는 달리기를 시작하기도 전에 미리 "너는 잘 달릴 수 없는 아이"라고 기를 죽입니다. 그런데 가난한 아이들이 낮은 기대를 받기 쉽다면, 이것은 교육격차를 발생시키는 원초적인 원인이 됩니다. 성적 중심의 학교에서는 가난하고 공부도 못하면 다른 재능이라도 살릴 수 있는 기대조차 받지 못하게 됩니다. 이런 아이들은 무기력하게 차별을 수용할 수밖에 없습니다.

사회적 편견이 학교에 고스란히 들어와 있고, 아이들은 학교에서 차별과 편견을 경험합니다. 아이들은 성적과 등급이 의미하는 차별을 수용합니다. 서열에 익숙해집니다. 이미 학교에서부터 패자임

---

9   이런 의미에서 촌지를 근절시킨 약칭 김영란법은 '교육의 공정성'이라는 면에서 우리 학교현장에 매우 큰 영향을 준 법이다.

을 확인받습니다. 아이들은 학교에서 이런 과정을 거쳐 사회적 서열을 수용할 준비를 마치고 사회로 나가게 됩니다. 그 결과로 사회적 차별과 편견은 더욱 심해집니다. 학교는 사회적 서열을 만들어 내기도 하지만 서열과 차별을 내적으로 수용하게 하는 효과적인 사회화 기관이기도 합니다. 이것이 성적 중심학교의 부작용입니다.

자사고, 특목고는 내로남불?

서울의 내로라하는 학군에서 두 자녀 모두 특목고를 거쳐 이른
바 명문 대학을 졸업시킨, 그야말로 자녀 교육에 성공한 친척이 있습
니다. 오랜만에 뵙게 되었는데 제게 "아이가 공부를 잘한다고 들었는
데, 어느 외고에 갔어?"라고 물어서 그냥 집 근처 고등학교에 갔다고
하니 시큰둥한 표정입니다. '별거 없네' 하는 그런 표정!

근대 민주주의 국가에서 공교육의 이상은 부자건, 가난하건 권
력이 있건 없건, 모두가 같은 교실에서 배우는 것입니다. 부자는 부
자끼리 다니는 학교가 있고 서민대중을 위한 학교가 따로 있다는 사
실은 받아들이기 힘든 일입니다. 그러나 현실은 그렇지 않습니다.

우리의 현실은 공부 잘하는 학교와 못하는 학교가 나뉘어져 있
습니다. 마치 능력에 따라 진학한 것처럼 보이는 고등학교들이 있습

니다. '실력으로 입학한 학교에 대해 인정을 못할망정 비난이 웬 말이냐?'라고 할 수도 있습니다. 그러나 좀 더 살펴보면 이들 학교에 가기 위한 실력은 대부분 사교육에 의존해 길러집니다. 결국 돈의 실력입니다. 그러다 보니 자사고나 특목고는 중상류 계층 자녀들이 많고 부자들의 학교가 되었습니다.

귀족 전통이 강한 유럽 나라들 역시 명문 사립학교가 여전히 존재하고 있습니다. 선진국의 사립학교는 국가 공교육 체제 이전에 설립된 학교가 많고 경쟁력 있는 교육으로 일류대학에 합격자를 많이 배출합니다. 그러나 치열한 경쟁과 높은 학비로 인해 서민대중의 자녀들이 들어가기는 매우 어렵습니다. 계층 편향성이 매우 심한 학교입니다. 인류 역사상 최초로 귀족 신분을 인정하지 않는 대통령제 민주공화국을 만든 미국에서도 사실상 상류층 가문을 위한 명문 사립학교, 즉 아카데미가 존재하고 있습니다.

이런 고급 사립학교는 학비가 매우 높아 부자들이 많이 다닙니다. 높은 교육투자로 인해 교육의 질이 높고 그 결과로 일류대학 진학에 매우 유리합니다. 상류층 엘리트 교육의 전통이 오늘날에도 이어져 오고 있습니다. 상류층은 높은 비용을 지불하더라도 그에 상응하는 질 높은 교육을 받고자 하는 것이고, 그 결과 대학 진학에 유리한 고지를 선점하고 나아가 사회적 지위 쟁탈에서 승리할 수 있게 됩니다. 그러다 보니 이런 사립학교는 계층간 불평등을 고착화하는 원인으로 많은 비판을 받고 있습니다.

사립학교에 가지 못해도 공립학교에서 좋은 교육을 받을 수 있다면 사립학교는 문제가 되지 않을 것입니다. 그러나 현실은 그렇지 못합니다. 미국의 사례를 보면, 미국 공립학교의 경쟁력 저하가 심각한 국가·사회적인 문제로 대두되었습니다. 그 대안으로 학교 선택권 주장이 힘을 얻게 되었습니다. 사립학교 또는 준 사립학교를 활성화하는 전략이 쟁점이 되었습니다. 1980년대 들어 미국 대통령 선거에서도 뜨거운 정치적 이슈가 되었습니다. 오랜 논쟁 끝에 공적 지원이 있지만 민간이 자율적으로 경영하고 학교 선택권이 보장되는 차터학교(charter school)제도는 모든 주(Sate)에 도입되었습니다. 나아가 바우처(voucher)제도를 도입해 값비싼 사립학교를 선택하는 데 드는 학부모 부담 비용을 지원하는 제도를 도입한 지역도 있습니다.

학교선택권 논쟁은 자기가 사는 지역에서 배정된 학교를 다니도록 하느냐, 아니면 공립이건 사립이건 학교를 선택할 기회를 주느냐의 문제입니다. 공화주의적 입장은 누구나 균등한 공교육을 제공받아야 한다는 신념에 근거를 두고 있습니다. 특히, 사립학교 확대는 경제적인 문제로 인한 선택에 제약이 있으니 공정하지 못하다고 보는 입장입니다. 학교선택권을 지지하는 자유주의적 입장은 선택이란 경쟁을 전제로 하는 것이기 때문에 수요자인 학생 학부모가 공·사립학교를 자유롭게 선택할 수 있다면 학교 간 경쟁이 일어나 교육의 질이 올라갈 거라는 가정에 근거하고 있습니다. 경제적 격차로 인한 선택권 제약 문제를 해결하기 위해 사립학교를 선택하는 학부모에게 바우처를 주어야 한다는 입장입니다.

우리의 자사·특목고도 비슷한 논란 속에 형성되어 왔습니다.

평준화제도에서 하향평준화의 대안으로 시작되었습니다. 특히, 자율형 사립고등학교제도는 미국의 학교선택권 논의의 영향을 많이 받았습니다.

각종 학교로 출발한 외고 등이 1980년대 들어 학력고사 점수로만 대학을 가는 입시제도와 만나서 전성기를 누리게 됩니다. 심지어 사법시험 합격자도 과거의 지방 명문고가 아니라 외고 출신이 대세를 이루게 됩니다. 이렇게 형성된 특목고 파워는 우리나라 입시에 큰 영향을 줍니다. 어느 순간, 꼬리가 몸통을 흔드는 격이 되었습니다. 대학은 특목고 출신을 선호해 이들에게 유리하도록 내신 실질반영률을 최대한 억제하려고 노력했습니다. 지금까지도 입시제도 설계에 특목고를 감안하지 않을 수 없을 정도로 사회적 파워를 갖고 있습니다. 예를 들면 '절대 내신제'를 도입하면 이들 학교에 날개를 달아주는 꼴이 되므로 '절대 내신제'로 선뜻 방향을 전환하지 못하는 이유가 되고 있습니다.

오늘날에는 자율형사립고가 사회적 쟁점이 되고 있습니다. 이명박 정부시절 재정적으로 독립하되 학생 선발의 자율성을 갖는 자율형사립고를 확대하는 정책을 추진했고, 서울과 지방의 많은 학교들이 자사고로 전환했습니다. 자사고를 지지하는 논지는 민간도 학교를 설립하고 학생을 선발하는 자율권을 가져야 한다는 자유주의적 가치에 근거를 두고 있습니다. 향후 자사고의 쟁점은 '우리 헌법에서 국가만이 학교를 통제할 수 있도록 하고 있는가?'입니다. 민간도 학교를 자유롭게 설립하고 운영할 권한이 우리 헌법상 보장되는 권리인가가 주된 쟁점입니다.

사회적인 의미에서 자사·특목고는 심각한 논의 주제가 됩니다. 자사·특목고 출신이 우리나라 일류대학 진학에 좋은 성과를 내고 있습니다. 학부모들이 원하는 좋은 학교가 되었습니다. 대학이 뽑고 싶어 하는 좋은 교육을 하는 학교가 되었습니다. 적어도 그런 믿음이 형성되었습니다. 문제는 이런 학교에 대한 접근성에 계층 격차가 심하다는 것입니다. 이것은 사교육비의 영향이 큽니다. 중산 서민층의 자사·특목고 진학 확률이 낮다면 결국 일류대학에 진학할 기회도 낮아집니다. 그러면 우리나라의 고등학교는 상류층이 다니는 자사·특목고, 중산층이 다니는 일반고, 서민층이 다니는 직업계고로 3분될 가능성이 매우 높아지게 됩니다. 귀족, 평민, 생산자로 구분되는 3분제 사회를 구조화하는 결과가 됩니다. 의도하지는 않았지만 사회적 계층에 따라 다니는 학교가 나누어지게 됩니다. 이렇게 되면 상류층은 자사·특목고를 통해 학벌과 사회적 지위를 자손에게 물려줄 수 있는 패스트트랙을 갖게 됩니다.

우리나라 상류층이 특목고를 진학하려는 이유 중 하나는 대학 입시에 유리하다고 믿기 때문입니다. 학벌을 통해 자신들의 사회적 우위를 자식들에게도 물려주려는 노력의 일환입니다. 자사·특목고가 사회적 지위 경쟁의 사다리로 이용됩니다. 그러다 보니 자사·특목고 진학이 미래의 사회적 지위를 암시하는 기능을 갖습니다. 자녀를 특목고에 보내지 못하면 우리 사회에서 성공할 가능성이 낮은 학생이 됩니다. 나름의 상류층에서 무시를 받게 되겠지요. 자사·특목고를 비판하고 교육 민주주의를 주장하는 많은 지도급 인사들의 자녀가 이런 학교를 다녔다는 사실은 특목고가 갖고 있는 사회적 인정과 실질적 메리트가 매우 크다는 것을 알 수 있습니다.

공부 잘하는 학생들을 한 학교에 모아서 열심히 가르치고 그에 따른 좋은 입시 결과를 가져오는 것이 바람직하다는 자유주의적 입장과, 고등학교 단계부터 사회적 분리와 배타성을 가져오는 엘리트주의는 민주주의 가치에 부합하지 않는다는 공화주의적 입장이 충돌하고 있습니다. 공화주의적 입장은 어느 학교에 다니든지 학부모에게 좋은 교육을 받을 수 있는 학교라는 신뢰를 줄 수 있어야 합니다. 자유주의적 입장은 '경제적 격차에도 불구하고 공정한 학교선택이 가능할 것인가'에 대한 해답을 줄 수 있어야 합니다. 학부모들이 원하는 것은 좋은 학교, 좋은 교육일 뿐입니다. 사회 공동체의 공존공영이라는 관점에서는 모든 계층을 위한 좋은 학교, 좋은 교육을 제공할 수 있어야 합니다. 이것이 학부모가 원하는 국가의 역할입니다.

공립 고등학교 나온 하버드 대학생

　대학 시절, 하숙집에 하버드대학교 재학 중 교환학생으로 온 미국인 유학생이 있었습니다. 그 대단한 하버드 대학생을 볼 수 있는 게 신기했고 영어로 말하는 게 힘들기는 했지만 가끔씩 대화를 나누려고 노력했습니다.

　한번은 이야기 중에 그 친구가 공립 고등학교를 다녔다고 했습니다. 미국 공립 고등학교는 우리의 평준화처럼 학군에 따른 근거리 배정을 합니다. 지역에 따라 다르긴 하지만 아무래도 공립 고등학교는 명문 사립아카데미(사립 고등학교의 별칭)보다 낮게 평가됩니다.

　고등학교 생활이 궁금했는데, 그는 학교생활이 별로 재미가 없었다고 했습니다. 학교에서 배운 게 별로 없고 제공하는 과목의 수준이 낮아서 근처 대학에서 여러 과목을 이수했다는 것입니다. 고등학교 때 대학에서 수업을 들었다는 게 신기했습니다. 나중에 보니 대학에서 교양과목을 미리 이수하는 UP(University Placement) 과정이었습니다. 우리도 도입은 했지만 흐지부지된 제도입니다.

그런데 왜 공립학교를 다녔냐고 물었더니 부모님의 교육 방침이었다고 합니다. 그들에게는 다양한 아이들과 어울리고 부대끼는 고교시절을 보내야 한다는 신념이 있었다고 합니다. 하버드대학교에 갈 정도로 똑똑한 아이인데 자기 지역의 평범한 고등학교에 보내는 부모의 교육적 소신이 대단하게 느껴졌습니다.

우리의 공교육, 특히 고등학교 평준화 체제는 부자든 가난하든 공부를 잘하든 못하든 모두가 민주공화국의 시민으로서 동일한 교육을 받으면서 다음 세대의 민주시민으로 성장하길 바라는 믿음으로 만든 제도입니다. 교육의 기회균등은 헌법적인 가치입니다. 학교는 공부만 하는 곳이 아니라 서로 어울리며 성장해가는 사회화 기관이기도 합니다.

국가가 독점하는 공교육제도를 지지하는 공화주의적 교육관은 엘리트주의 또는 자유주의 교육관과 충돌합니다. 자유주의 교육관은 미래의 리더가 될 똑똑한 아이들은 한데 모아서 교육을 하면 더 효율적이고, 민주주의 국가에서는 자기가 다니는 학교를 선택할 자유가 있어야 한다는 관점입니다. 어느 관점이 더 바람직한지는 누구도 쉽게 결론 낼 수 없습니다. 각 나라의 정치·사회적 환경과도 긴밀한 연관이 있기 때문입니다. 가치적 문제이기 때문입니다. 그러나 인간이 사회적 동물이라는 관점에서 보면 고등학교까지는 모두가 함께 배우는 것이 공부로 똑똑한 아이들에게도, 그렇지 못한 아이들에게도 서로 득이 되지 않을까요? 교과 공부 잘하는 아이, 노래 잘하는 아이, 그림을 잘 그리는 아이, 운동을 잘하는 아이, 사회성이 좋은 아이 등이 모여 서로 어울리는 것이 더 좋은 성장의 기회가 되지 않을까요?

엘리트주의적 관점에 따라 똑똑한 아이들끼리 모이면 효율적이긴 하겠지만, 똑똑하지 못한 아이들과 어울리지도 못하고 친구도 되지 못한다면 나중에 특권적이고 귀족적인 사고를 갖기 쉽습니다. 고등학교 때부터 분열된 학교를 다닌다면 성인이 되어서도 서로 분열된 삶을 살게 됩니다. 우리 사회도 분열되게 됩니다. 상류층이 가는 고등학교와 일반 공립학교의 분열이 매우 심한 나라들은 상류층이 좋은 학교도 독점하고 일류대학 진학도 독점을 하게 되고, 그 결과로 사회적 지위도 독점을 하는 경직된 사회가 되어간다는 심각한 정치·사회적 난제에 직면하고 있습니다. 서민층은 희망이 없는 사회가 되어가기 때문입니다.

모두가 함께하는 공화주의적 학교의 현실적 문제는 학력 차이입니다. 이 문제는 고교학점제와 같이 교과 다양성과 선택의 폭을 크게 넓히는 학교 시스템으로 극복할 수 있습니다. 미국 등 서구 여러 나라의 고등학교가 그렇게 운영되고 있습니다. 특히 모두가 함께하는 학교를 강조하는 공화주의적 공교육은 다양한 소질과 적성을 갖고 있는 아이들을 위해 고교학점제와 같은 선택권 확대가 필수적입니다. 진로 적성 중심의 다양한 교육과정이 제공되어야 합니다. 수준이 아주 높은 학생은 대학에 가서 배울 수 있는 학습 기회까지도 갖게 하고, 공부 적성이 없는 학생들에게는 그에 맞는 다양한 진로 적성 분야의 학습기회를 제공해야 합니다.

모두가 함께하는 공화주의적 입장과 학력에 따른 선택을 인정하는 자유주의적 입장이 조화를 이루는 고등학교가 우리의 미래입니다. 민주공화주의적 학교를 만들어가야 합니다. 어느 학교로 배정받든 그 안에서 학생의 선택권을 최대한 보장하는 질 높은 교육 기회를 제공합니다. 학력과 민주성의 조화는 충분히 가능하고 앞으로 고등학교의 개혁은 이런 관점에서 논의되어야 합니다. 이러한 비전을 갖고 있는 고교학점제는 우리 교육의 새로운 이정표입니다.

학교 우등생이 사회 우등생은 아니다?

고등학교 때 어느 선생님이 "학교 우등생이 사회 우등생은 아니다!"라는 말씀을 자주 하셨습니다. 그때는 참 걱정스러웠습니다. 공부를 제법 한다고 하는데 사회 나가서는 별 볼 일 없을 수 있다는 불안한 생각이 들곤 했습니다. 다행히 고시제도가 있어 시험 보는 재주로 먹고살 수 있게 되었습니다.

지금 와서 생각해보면 이미 그 선생님은 다중지능이론을 체험적으로 알고 계셨던 것 같습니다. 공부 지능만 갖고는 사회에서 성공할 수 없다는 것을 강조하셨지요. 한편으로는 우리 교육의 비현실성을 지적한 것이기도 합니다. 실제 생활, 실제 사회와 거리가 먼 관념적 지식만 외우는 공부로 미래를 준비시키고 있으니까요. 거창한 이론은 없지만 오랜 교단 경험으로 우리 교육의 심각한 문제를 지적했다고 할 수 있습니다.

현재의 학교 교육은 소수의 시험 선수를 육성하고 시험을 치는 능력만 강조하고 있습니다. 물론 지금까지는 그래야만 대학에 잘 가고 각종 시험에 합격해 출세할 수 있었습니다. 그러나 앞으로는 이런 시험 선수들이 사회에서 우등생이 된다는 보장이 없습니다. 이미 기업은 학벌 위주의 채용관행을 지양하고 있습니다. 민주주의의 진전과 함께 리더십, 봉사정신 같은 사회적 품성이 강조되고 있습니다. 빠르게 변화하는 다양한 직업세계는 좁은 의미의 성적 우수자보다는 풍부한 개성과 창의성, 그리고 전문성을 갖고 있는 인재를 필요로 합니다. 현장 경험과 전문성을 실제로 갖고 있느냐를 더욱 중요하게 봅니다.

지금과 같은 학교 교육이 계속 유지된다면 AI 시대에 학교 우등생이 사회의 우등생이 될 가능성은 점점 적어집니다. 여전히 현재의 제도가 유지되면 성적 좋은 사람이 유리한 점도 있고 성공할 수 있겠지만, 그것은 성적 덕분이 아니라 다른 역량이 뛰어나기 때문입니다. 성적이 아니라 실제 직무수행 능력이 뛰어난 사람을 발굴하는 기법이 발전한다면 기업의 인재채용은 확 달라질 것입니다. AI의 등장은 큰 변화를 예고합니다. AI는 암기식 지식으로 꽉 찬 사람과 원하는 분야의 전문역량을 갖춘 인재를 정확하게 구분해낼 것입니다.

좁은 의미의 학교 우등생이 사회 우등생은 아니라는 말은 맞는 말입니다. 그러나 다시 생각하면 학교의 우등생이 사회의 우등생이 되어야 합니다. 그렇지 않다면 학교는 쓸모없기 때문입니다. 학교가 제 역할을 해야 합니다. 그러면 어떻게 제 역할을 할까요? 학교의 우등생이 사회의 우등생이 될 수 있는 교육을 해야 합니다. 토론, 실천, 경험을 통한 지성과 방과 후 활동, 스포츠 활동, 봉사활동 등을 통한 사회적 품성, 리더십, 봉사정신 등을 배양하고 그런 과정을 통해서 선별된 인재가 사회의 리더가 되어야 하지 않을까요?

행복한 가붕개로 살아라?

　'개천의 용 대신에 가붕개로 행복한 세상을 만들어야 한다'는 말
이 화제가 되었습니다. 개천이니 바다니 하는 것은 부모의 재력과 사
회적 지위에 의해서 결정됩니다. 가붕개나 용은 그 자녀들의 사회적
인 성취를 상징합니다.

　개천과 바다를 명확히 구분하기는 어려우나 우리나라의 자산 불
평등을 보면 개천과 바다의 격차는 매우 크다는 것을 알 수 있습니
다. 우리나라 상위 25%가 순자산의 75%를 점유하고, 하위 50%는
겨우 10%의 순자산을 보유하고 있다고 합니다. 한국조세재정연구원
의 연구 보고서에 따르면 가구 환경과 대학입학 간의 기회 불평등이
매우 뚜렷하며, 출신 가구가 최하위층인 경우 타고난 잠재력과 노력
에도 불구하고 명문 대학 진학에 실패할 확률이 무려 70%에 이른다

고 합니다(《세계일보》, 2021.11.26.).

부모 입장에서는 참 씁쓸합니다. 가뜩이나 먹고살기도 힘든데 자식 교육마저 뒤처진다고 생각하니 희망이 없어집니다. 아이들 입장에서 보면 가붕개가 되는 것은 선택이 아닙니다. 태어난 가정을 내가 선택하는 것이 아니기 때문입니다. 선천적인 지능을 내가 선택한 것도 아닙니다. 그럼에도 어쨌든 경쟁을 해야 하고 승패가 갈립니다. 공정한 경쟁을 말하기도 합니다. 그러나 상류층 가정의 자녀들은 출발선이 다릅니다. 돈이 실력입니다. 그러니 모두가 용이 되려는 경쟁에 뛰어들지 말고 '행복한 가붕개로 살아라!'라고 합니다. 그러나 정작 이런 말을 하는 사람들은 자기 자녀는 용(龍)을 만들려고 용을 씁니다.

용은 우리 사회의 전문직 또는 각 분야의 리더 계층을 상징합니다. 문제는 누가 용이 되느냐입니다. 개천에서 용이 나오지 못한다면 우리 사회는 계층 고착화의 길로 갈 것입니다. 교육시스템을 통해 계층 이동 가능성이 없어지면 학교 교육은 무용지물이 됩니다. 학교 교육이 계층 이동에 기여하지 못하고 단지 계층을 재생산한다는 주장은 이미 널리 알려져 있습니다. 그렇다면 우리는 헛된 희망을 갖고 아이들을 학교에, 대학에 보내고 있습니다.

이렇게 학교 교육의 결과가 개천 출신은 가붕개로, 바다 출신은 용이 되는 구조를 공정하다고 할 수 있을까요? 우리 사회의 공정 논의의 핵심은 여기에 두어야 합니다. 객관식 공정, 사교육으로 경쟁하는 성적 줄 세우기의 공정은 진정한 공정이 아닙니다. 진짜 공정의 문제를 가리는 사이비 공정 이데올로기입니다. 맨 앞줄에 선 사람들이 현재의 줄 서기를 합리화하는 것에 불과합니다.

플라톤이《국가》에서 주장한 선발 시스템은 가정 배경의 영향력이 전혀 없는 공정한 사회적 인재 양성과 선발 시스템을 구상했습니다. 물론 현실에서 가능성은 없지만 시사하는 바는 매우 큽니다. 공정한 사회적 선발은 타고난 능력과 노력으로만 경쟁해야 합니다. 가정 배경이 큰 영향을 미친다면 공정한 경쟁이라 할 수 없습니다. 출발 선상이 다르다면 이미 승부가 정해진 경기를 형식적으로 하는 것에 불과합니다.

현대 사회에서 플라톤이 구상한 것과 같은 공정한 경쟁이 이루어지려면 가정환경이 영향을 줄 수 없을 만큼 공교육 여건을 최대한으로 확충해야 합니다. 각 개인의 잠재력이 충분히 발휘될 수 있는 아주 훌륭한 교육여건을 갖추고 그 비용 또한 사회가 부담한다면 어느 가정에 태어났는지의 운에 의해 사회적 운명이 좌우되지는 않습니다. 순전히 자신의 타고난 능력과 노력에 의해서 사회적 성취와 지위가 결정됩니다. 이것이 진짜 공정입니다. 돈이 있어야 예술을 하고, 돈이 있어야 사교육을 받고, 돈이 있어야 학문을 하고, 결국 돈이 있어야 용이 되는 사회는 공정한 사회가 아니고 우리의 미래도 아닙니다.

라인맨이 쿼터백보다 더 중요하다

흑백 TV 시절에 주한미군을 위한 AFKN이라는 채널이 있었습니다. 이리저리 채널을 돌리다 보면 가끔씩 미식축구 중계를 볼 수 있었지요. 도대체 이해할 수 없는 스포츠였습니다. 나중에 미국에 가서 보니 미식축구는 대단한 인기 스포츠였습니다. 유명한 주립대학들은 6~7만은 거뜬히 수용하는 미식축구장을 갖고 있고, 대학 간 게임이 열리는 날은 그야말로 지역 축제였습니다. 주말에 삼삼오오 모여 맥주 1캔 하면서 미식축구 중계를 보는 것이 소소한 일상의 문화로 자리하고 있었습니다. 그렇게 어울리다 보니 규칙도 알게 되고 전략도 조금씩 알게 되어 보는 재미가 있던 기억이 납니다.

미식축구는 발로 차기도 하지만 주로 손으로 던지고 받아 열심히 달려가서 터치라인을 통과하면 득점하는 경기입니다. 야구의 투수처럼 볼을 배급하는 쿼터백이 가장 중요한 선수입니다. 쿼터백이 상대방 진영으로 뛰어들어가는 런닝백에게 공을 던져서 골라인까지 달려가 터치다운을 하는 공격 전술을 많이 사용합니다. 이때 상대방 선수들은 쿼터백이 볼을 잘 던질 수 없도록 육탄 돌격을 하고 이를 온몸으로 저지하는데 이들을 라인맨이라고 합니다. 이 라인맨이 약하면 쿼터백이 공을 던지기도 전에 상대 선수들에게 잡아채여 공 던질 기회를 갖지 못합니다. 라인맨들은 쿼터백처럼 화려한 조명을 받지 못합니다. 몸값도 쿼터백과는 차이가 납니다. 그럼에도 라인맨들이 약하면 아무리 뛰어난 쿼터백이 있어도 제대로 힘을 쓰지 못합니다.

모든 사회에는 엘리트 집단이 있습니다. 정치인, 고위관료, 법조인, 언론인, 과학자, 전문경영인 등이 지도층을 형성해 한 사회를 이끌어갑니다. 이들 엘리트 그룹이 제 역할을 다 하는데도 이를 뒷받침하는 서민대중들의 역량이 약하면 그 사회의 발전은 한계가 있습니다. 대다수 서민대중들의 사회적 신뢰, 준법정신, 직업정신과 생산성 등이 약하면 그 사회는 정체하거나 퇴보하게 됩니다.

남미에 좋은 사례가 있습니다. 남미 여러 나라들은 유럽 수준의 탄탄한 엘리트 그룹이 있고, 한때는 우리보다도 훨씬 앞선 나라였습니다. 그러나 공교육의 질 저하와 높은 문맹률로 국민들의 역량이 높지 못합니다. 이에 따라 남미 여러 나라의 경제 사회적 발전이 크게 지체되고 있습니다. 물론 특권적 엘리트 그룹의 리더십도 엄청난 문제가 있지만요.

성적 위주의 경쟁에서 엘리트들에게 자리를 내어주고 권력과 사회적 지위가 없는 평범한 서민 대중이야말로 우리 사회의 튼튼한 토대입니다. 평범한 서민 대중이 자기 직업에 충실하고, 법을 잘 지키고, 서로 존중하는 것과 같은 사회적 역량이 우리 사회의 힘이고 발전의 원동력입니다. 우리의 서민 대중은 자신의 타고난 소질과 적성에 따라 이 사회에서 각자의 역할을 하는 소중한 존재입니다. 평범한 민주시민들은 당연히 행복할 권리가 있습니다. 엘리트들은 이러한 민주시민들의 동의와 인정을 통해서만 그 정당성을 얻을 수 있어야 합니다.

우리 교육의 문제는 이런 민주시민들을 학교 교육의 패배자로 만든다는 것입니다. 학교가 각기 다양한 재능이 있는 아이들의 성장을 돕지 못하고 있습니다. 객관식 평가에 특화된 곳으로 점점 퇴화해 가고 있습니다. 공부 이외에 다양한 역량들을 발전시킬 기회를 주지 않습니다.

이제 학교 교육은 평범하지만 다양한 적성을 갖고 있는 아이들에게 초점을 맞추어야 합니다. 성적만을 강조하는 기존 학교 교육의 가치체계 또는 신념체계는 바뀌어야 합니다. 모두가 소중한 민주시민입니다. 학교는 우리 아이들이 민주시민으로서 자존감과 자긍심을 갖고 평범하지만 행복한 삶을 준비할 수 있도록 도와야 합니다. 이러한 삶은 객관식 성적 몇 점으로 결정되는 것이 아닙니다.

아무리 유능한 쿼터백이 있어도 라인맨들이 약하면 상대편에 제압을 당하고 맙니다. 그렇듯 아무리 우수한 특목고나 명문 대학 출신 리더들이 있어도 일반 대중들의 뒷받침이 없다면 우리 사회의 미래는 밝지 못합니다.

대학을 나와야지

대학은 나와야지

대학이라도 나와야지

대학을 꼭 나와야 돼?

6장

대학이 달라져야 한다

대학 간판은 있어야 한다

어릴 적 시골에서는 집안 어른들끼리 매파를 통해 혼처를 정하는 중매결혼이 대세였습니다. 그때 혼인 조건으로 어른들이 거론하시는 것 중 하나는 '집안'이고, 다른 하나는 '대학 간판'이었습니다. 조선시대에 생원이나 진사라도 되어야 면이 서듯 대학 간판이 사회적 위신의 징표가 되었습니다. 대학이라는 간판이 마치 공작새의 깃털처럼 사회적 우월성을 보여주는 수단으로 빠르게 자리하게 되었습니다.

대학 간판의 절실함이 우리의 학력경쟁과 고등교육 팽창의 원동력입니다. 대학 간판이 없으면 사회적 인정을 받지 못합니다. 좋은 직장도 좋은 결혼도 특권과 명성도 멀어지게 되는 두려움에 직면하게 됩니다. 그러니 대학은 일단 가야 합니다.

대학 간판이 중요했지만 1980년대 중반까지 대학 진학률은

30%대에 머물렀습니다. 1980년에 27.2%, 1985년에 36.4%였고 1994년이 되어서야 45.8%로 40% 벽을 넘었습니다. 따라서 1960년 이전 출생자들은 대학 가기가 어려웠습니다. 경제적인 문제도 있었지만 대학 문호 자체가 좁았습니다. 그러다 보니 대학 간판을 미처 갖지 못한 사람들이 많을 수밖에 없었습니다. 이런 분들이 우리 사회에서 성공한 유명 인사가 되었을 때 내세울 학력이 없게 되고, 그러다 어찌어찌 대졸 학력으로 알려졌는데 알고 봤더니 고졸이었다는 것이 이야깃거리가 된 적이 있습니다.

각 분야에 성공한 분들이 왜 꼭 대학 졸업장이 있어야 하는지 의문이지만 그만큼 우리 사회에서 학력이 갖는 의미는 남다를 뿐 아니라 지나치게 과도합니다. '학식이 있어야 덕망이 있다'는 사농공상의 유교적 전통이 강하고, 학벌의 영향력이 매우 크기 때문입니다. 독일의 마이스터처럼 직업 현장에서 얻은 전문성을 인정하지 않기 때문입니다. 공부 이외에 다른 능력과 기술을 인정하지 않기 때문입니다.

2000년대에 들어서면서 대학 진학률이 70%를 넘었습니다. 2008년에 83.3%로 정점을 찍었습니다. 공부가 적성에 맞지 않거나, 소질이나 형편상 조기 취업이 필요한 사람을 제외하고는 모두가 대학에 진학하는 시대가 왔습니다. 2020년대에 들어서는 대학에 미달 현상이 나타나기 시작하고, 이제 마음만 먹으면 대학 간판 따는 것은 어렵지 않습니다.

웬만하면 대학 간판을 딸 수 있으니 이제 좀 더 그럴듯한 명품 간판을 따겠다는 것이 해외대학이나 소위 일류 대학을 찾는 경쟁입니다. 한때 조기유학이 성행했습니다. 그러나 비용 대비 효과가 미비하자 그 열기는 시들어졌지만 여전히 해외 진학 수요는 존재합니다. SKY를 향한 질주는 차별화된 간판을 위한 경쟁입니다. 그게 확대되면 'in서울' 경쟁이 됩니다. 남과 다른 간판을 따기 위한 치열한 경쟁이 대학 입시의 본질이고 이 열기는 쉽게 가라앉지 않을 것입니다.

이런 대학 진학 열기가 진정한 고등교육에 대한 욕구인지는 대학원 진학 열기와 비교하면 알 수 있습니다. 대학원은 전문적인 학문 분야를 탐구하는 과정이고 진정한 의미에서의 고등교육이라고도 할 수 있습니다. 그런데 대학원 입학 경쟁률은 그리 높지 않습니다. 미달하는 분야도 많습니다. 외국인 유학생이 아니면 우리나라 이공계 대학원은 실험실을 운영하기 힘들 정도입니다.

진짜 문제는 우리 대학의 국제경쟁력이 낮다는 사실입니다. 2021년 명목 GDP 기준 우리나라 경제 규모는 세계 10위입니다. 그런데 영국의 고등교육평가기관인 THE(Times Higher Education)의 〈2022 THE 세계대학평가〉를 보면 우리나라 최고 대학인 서울대학교가 54위에 불과합니다. 성균관대학교 122위, 연세대학교 151위, 고려대학교는 200위권입니다. 세계 대학 1천 등 안에 드는 대학이 19개교뿐입니다. 세계 10위권을 넘나드는 우리나라의 경제력에 비해서는 형편없는 수준입니다. 우리나라 고등교육의 경쟁력에 대해 의문이 들지 않을 수 없습니다.

그럼에도 우리 대학의 낮은 경쟁력이 사회적인 문제가 되지 않는 이유는 무엇일까요? 학부모들은 자녀가 어느 대학에 들어가는지가 중요하지 그 대학의 진정한 경쟁력에 대해서는 관심이 없습니다. 대학의 학문 분야나 성취에 대해서 큰 관심이 없습니다. 세간의 선입견과 유명 학원 배치표에 따라 정해지는 상대적 순위만 중요하게 생각합니다. 세계 대학평가에서 여러 대학들이 통념을 깨고 높은 순위에 있습니다. 지역에 있는 국가거점국립대학들이 그러합니다. 그러나 학부모들은 이런 점에 큰 관심을 두지 않습니다. 좋은 대학이란 세간의 이미지와 학원이 만든 배치표의 허상에 불과한 것일 수도 있는데도 그렇습니다. 실질에는 관심이 없습니다. 대학에서 무엇을 배울지 그리고 제대로 배울 수 있는지에 대한 관심보다는 대학이라는 간판을 더 중시하기 때문입니다. 자녀가 대학 잘 나와서 괜찮은 직장을 구하면 그것으로 만족합니다. '우물 안 개구리'를 양산하는 우리 대학이지만 학부모들은 이를 문제 삼지 않습니다. 다른 사람보다 앞설 수 있는 그럴듯한 국내용 간판이 필요한 것뿐이니까요.

우리의 치열한 대학입학 경쟁은 취업시장에서 좀 더 유리한 고지 또는 좀 더 그럴듯한 사회적인 위신을 차지하기 위한 경쟁에 불과하며, 우리나라의 미래를 이끌어갈 수 있는 인재를 육성하기 위한 지적 탁월성 경쟁은 아닙니다. 이 때문에 치열한 입시경쟁과 엄청난 학습 열기에도 불구하고 산업체는 대졸자의 역량에 대해 불만이고, 학문적으로도 학술 분야의 노벨상 수상자도 배출하지 못하고 있는 것입니다.

우리 아이들은 공부다운 공부를 하지 못하고 그저 대학 간판 경쟁만 열심히 하고 있습니다. 미래 사회를 준비하는 인재로서 성장할 수 있는 기회를 갖지 못하고 객관식 문제집에만 파묻혀 있습니다. 이런 면에서 학력경쟁은 심각한 사회문제입니다. 사회적 소모비용이 너무 큽니다. AI, 메타버스, 4차산업혁명이 코앞이라는데 이제 그럴듯한 간판만 내거는 경쟁은 그만 끝내야 하지 않을까요?

여전히 필요한 대학 간판

저 멀리, 남태평양 외딴섬인 이스터섬 이야기를 아시나요? 이스터섬에는 많은 수의 모아이 석상이 있습니다. 외딴 섬에서 이런 거대한 석상이 왜 필요한지 참 의문입니다. 여러 학설이 있지만 사회적 위신 경쟁의 결과라고 보기도 합니다. 더 큰 석상을 만들어 부족의 위신을 높이는 경쟁 때문에 큰 석상을 만들었고, 무거운 석상을 굴려서 운반하기 위한 나무가 계속된 벌목으로 고갈되어 결국 섬이 황폐화되었습니다.

우리의 대학 간판은 이스터섬의 모아이 석상과 같습니다. 사회적 위신과 신화를 상징하는 점에서 그렇습니다. 모아이 석상이 섬을 황폐하게 만들었듯이 대학 간판을 향한 과열 경쟁은 청소년의 삶을 황폐하게 만들고 있습니다. 과도한 사교육비 지출로 부모들의 노후도 불안하게 하고 있습니다.

특정 대학의 간판이 사회적 영향력을 갖게 되면 학벌이 됩니다. 모아이 석상은 그나마 이스터섬 사람들의 사회적 결속을 주었지만 학벌은 사회를 분열시키는 것이기 때문에 더 해롭습니다. 학벌이 권력과 특권으로 이어지고 우리 사회를 지배하는 힘으로 작용합니다. 우리는 학벌이라는 사다리를 타고 특권의 울타리 안에 들어서려는 노력을 해왔고, 우리 자녀들 역시 이런 기회의 사다리에 오르기를 원합니다.

그러나 우리 아이들의 미래가 여전히 출신 학벌에 의해서 좌우될지는 의문입니다. 최근에 정착하고 있는 블라인드 채용은 그 변화의 시작입니다. 간판이 아니라 능력을 보겠다는 것인데 적지 않은 채용시장의 변화가 나타나고 있습니다. 세계무대에서 치열하게 경쟁하는 기업은 이미 철저하게 능력과 성과 위주의 인사를 하고 있습니다. 2020년 기준 삼성전자 전체 임원 1,051명 중에 서울대학교 출신은 104명으로 가장 많지만 그 비율은 9.8%에 불과합니다(〈중앙일보〉, 2020. 5. 18.). 연세대학교 6%(64명), 고려대학교 5.5%(58명)로 세 개 대학을 합해도 21.3% 정도입니다. 현실은 사회적 통념과 큰 차이를 보이고 있습니다.

4차산업혁명 시대에는 암기 지식은 큰 쓸모가 없습니다. AI가 있으니까요. 암기 능력으로 정해지는 대학 간판과 그 서열은 무의미합니다. 대학 간판이 AI를 이길 수 없습니다. 어느 대학을 나왔건 4차산업혁명 시대에 적합한 창의적인 능력을 발휘할 수 있는가가 관건입니다. 현재의 대학 간판은 그냥 간판일 뿐입니다. 기업은 간판보다는 역량과 성과가 좋은 인재를 우대할 것입니다. 이미 미국의 첨단 신기술 기업들은 지원자의 학력을 전혀 고려하지 않고, 갖고 있는 능력을 토대로 직원을 선발한다고 합니다.

물론 일부에서는 여전히 대학 간판을 추구할 것입니다. 세계 최고 수준의 과학자가 되기 위한 경쟁은 필요합니다. 좋은 의사가 되기 위한 경쟁도 필요합니다. 그러한 경쟁은 각자의 전문성을 찾아가는 경쟁입니다. 승자도 패자도 없는 경쟁입니다.

공정하게 인정받는 민주적인 직업관이 우리 사회에 정착되면 대학 간판과 학벌의 위력은 약해집니다. 우리 사회에서 대학 간판의 위세가 없어지는 것이 민주주의의 진전이 아닐까요?

실속 있는 대학 간판

그저 그런 4년제 대학을 가는 것은 '대학 간판이라도 있어야 한다'는 생각 때문입니다. '대학은 나와야 한다'는 간판 의식이 우리 교육열의 원천이고 고등교육 팽창의 주요한 원인입니다. 해방 이후, 대학 진학에 대한 열기는 지속되었고 이런 현상은 2008년에 정점에 달했습니다. 고등학교 졸업자의 대학 진학률이 83.8%나 되었습니다. 세계 최고 수준의 고등교육 진학률입니다. 1995년 51.4%에 비하면 무려 32.4%p나 증가한 것입니다. 그러나 2015년에 70.8%, 2016년에 69.8%로 줄었습니다. 가장 최근인 2020년에는 72.5%로 2008년 최고치에 비해서는 11%p 넘게 줄었습니다.

10여 년 사이에 대학 진학률의 큰 감소는 대학이라는 간판의 실속과 연관이 깊습니다. 비싼 등록금과 4년이라는 엄청난 시간을 들

대학진학률 및 대졸자 취업률(KEDI 교육통계)

년도	1980	1985	1990	1995	2000	2005	2008	2010	2015	2016	2020
대학 진학률 (%)	27.2	36.4	33.2	51.4	68.0	82.1	83.8	79.0	70.8	69.8	72.5
대졸자 취업률 (%)	–	–	–	67.0	68.4	74.1	76.7	55.0	67.5	67.7	65.1

였는데 취업을 못한다면 그 간판은 쓸모가 없습니다. 대학졸업자 취업률이 2008년에 76.7%로 최고치에 달합니다. 이때까지는 진학률도 높았고 취업률도 높았습니다. 그러나 금융 위기 여파로 2010년 55%로 급감한 이후 67% 대로 정체가 됩니다. 금융 위기 이후 우리 사회의 산업구조 변화는 대졸자 취업률의 정체를 가져오고 그 영향으로 대학 진학률이 낮아지는 것으로 볼 수 있습니다. 어설프게 대학을 나와봐야 실업자가 될 가능성이 높고, 사회적으로 알아주지도 않는 대학 간판을 따기 위해 돈과 시간을 들이는 것은 실속이 없다는 인식이 자리하고 있습니다. 일반계 고등학교에 진학했지만 공부가 적성에 맞지 않아서 직업교육을 받는 학생도 상당수 있습니다.

취업률을 진로를 결정하는 기준으로 삼는 경향은 최근 더욱 강해지고 있습니다. 최상위 대학 진학자를 제외한 보통 수준의 대학에 진학하는 학생, 학부모들은 취업률을 대학 선택의 최우선 기준으로 두고 있습니다. 2021학년도 입시에서는 여러 4년제 대학들이 심각한 미달 현상을 맞게 되었습니다. 이런 대학의 특징은 치열한 입학 경쟁이 있는 일류대학이 아닌데도 학과나 전공은 학문중심의 전통적인 대학 체제를 유지하고 있습니다. 그러니 취업률은 낮을 수밖에 없습니다. 결국 학생과 학부모의 외면을 받게 됩니다. 어차피 졸업해봤자 취업도 안 되는데 비싼 등록금을 4년씩이나 낼 이유가 없습니다. 중·고등학교 학원비와 대학 등록금을 저축해서 훗날 창업자금으로 쓰는 것이 더 빨리 안정적인 삶을 살 수 있는 길일 수도 있습니다. 등록금으로 시골에 있는 대학 근처 땅을 사는 게 인생에 더 큰 도움이 된다는 씁쓸한 이야기도 있습니다.

대신에 실속있는 전문대학이나, 한국폴리텍대학교[10]의 인기가 높아지고 있습니다. 전문대학은 언제나 4년제 대학보다 취업률이 높았습니다. 특성화 고등학교나 폴리텍대학교는 국가기술자격증을 취득하는 교육과정을 운영하고 있습니다. 기술자격증을 따서 확실하게 취업을 하고자 하는 선택이 늘고 있습니다. 4년제 나와서 실업자가 되거나 기술 교육으로 다시 유턴하는 것보다는 실속 있는 선택입니다.

전문기술을 갖고 있다는 것을 국가적으로 인정하는 제도가 국가기술자격증입니다. 국가기술자격증은 무려 480여 개 분야가 있습니다. 많은 분야의 기술자격증이 있다는 것은 그만큼 다양한 취업 분야가 있다는 뜻입니다. 예를 들면 전기, 지게차운전, 용접, 화훼장식, 실내건축, 위험물, 정보처리, 측량, 컬러리스트, 보석감정, 요리, 소방설비, 패션디자인, 폐기물처리, 무선설비, 품질경영 등 적성에 따라 선택할 수 있는 분야가 참 다양합니다.

---

10 고용노동부가 운영하는 국립직업교육기관으로 산업학사를 취득할 수 있으며, 8개 대학 41개 캠퍼스를 전국 각지에 운영하고 있다.

국가가 인정하는 전문기술이므로 그 가치가 얼마나 소중합니까? 학위 못지않은 중요성을 갖고 있습니다. 갖고 있어야 합니다. 학위는 추상적입니다. 그러나 기술자격증은 구체적으로 어떤 능력이 있는지를 알려줍니다. 그래서 대학졸업자들도 기술자격증을 별도로 취득합니다. 기술자격 취득을 위한 특화된 과정이 여러 기관에서 전문적으로 운영된다면 기존의 대학 서열도 의미가 없을 것입니다. 특정 기술 분야의 역량이 있느냐 없느냐가 중요하기 때문입니다.

대학 서열은 구체적인 역량을 인증하지 못하는 대학 학위(즉 졸업장)의 추상성 때문에 생기는 것일 수도 있습니다. 기업은 대학 학위가 구체적으로 어떤 역량을 갖고 있는지를 보여주지 못하기 때문에 세간의 대학 순위에 따라 평균적인 인재를 선발했습니다. 어떤 능력이 있는지를 명확히 보여주는 기술자격증이 더욱 신뢰를 받거나, 기업이 자체적으로 역량과 전문성을 갖춘 인재를 선발하게 되면 점차 학벌은 의미가 없어질 것입니다. 지금의 빠른 기술 발전은 그런 시기를 점점 더 앞당기고 있습니다.

'학위냐, 기술자격증이냐?' 이에 대한 관점과 사회적 인정이 곧 그 사회의 가치 체계입니다. 영국이나 호주 등은 기술자격과 학위를 서로 인정하는 시스템을 발전시켜 나가고 있습니다. 우리도 일부 이러한 제도가 시도되고 있습니다. 독일의 마이스터 자격증이 갖고 있는 사회적 인정은 잘 알려져 있습니다. 기술자격증이 높은 대우를 받는 사회! 학력주의 사회의 대안이 될 수 있습니다.

이름 없는 4년제 대학의 간판이라도 따서 실속 없이 체면치레를 하느냐, 아니면 취업을 잘할 수 있는 전문기술 분야로 가느냐 하는 것은 선택의 문제입니다. 우리 사회는 아직 학력주의를 극복하지 못하고 있지만 이런 허위의식도 점차 극복될 것입니다. 이제는 어느 일터에서든지 열심히 일한 노동의 대가로 각자의 삶을 살아가는 실속 있는 간판이 필요하지 않을까요?

서울대학교 못 갔어?

고등학교 졸업식 날 교문에는 서울대학교 합격자 명단이 적힌 현수막이 휘날렸습니다. 이걸 보고 한 친구는 졸업식장에 가지 않고 집으로 발길을 돌렸습니다. 대학 입시에 패배자임을 다시 한번 확인하는 쓰라림입니다. 죽어라 공부를 했지만 서울대학교에 합격하지 못한 친구들은 하루아침에 실패한 학생이 되었습니다. 서울대학교 합격생만이 학교의 명예를 드높인 교육적 성과이니까요. 학창시절의 자존감이 한 순간에 날아가게 됩니다. 고등학교 때 '공부 좀 했다' 하는 학부모들은 이런 쓸쓸한 기억이 있지 않나요?

학부모들에게 누가 서울대학교를 가야 하느냐고 물으면 똑똑한 학생 또는 공부 잘하는 학생이라고 답할 것입니다. 우리 사회는 장차 대한민국을 이끌어갈 똑똑한 인재, 머리 좋은 수재가 당연히 서울대학교를 간다고 생각합니다. 문제는 누가 똑똑한 학생인가입니다. 우선 단순히 생각하면 점수가 가장 중요합니다. 그러나 점수로 우수한 인재를 선별하는 쉬운 일은 아닙니다. 홍길동은 국어 80, 영어 90, 수학 100을 맞았고, 김길동은 국어 90, 영어 90, 수학 90을 맞았습니다. 박길동은 국어 100, 영어 100, 수학 70을 맞았습니다. 누가 더 좋은 학생일까요? 총점이 같기 때문에 같은 능력으로 볼 수 있습니다. 그러나 총점이 같다고 다양한 전공 분야에서의 학업 능력이 같을까요? 총점이 같아도 국영수를 고루 잘하는 사람, 수학만 특출하게 잘하는 사람의 역량을 같게 보느냐, 다르게 보느냐는 심각한 논쟁거리입니다.

다른 관점은 능력과 노력의 문제입니다. 같은 점수인데 홍길동은 고3이고 박길동은 3수를 했습니다. 누가 더 능력이 있을까요? 시험 점수로 능력 있는 인재를 선발한다는 것에 대한 여러 의문 중의 하나입니다.

어쩔 수 없이 객관성 확보 차원에서는 결과적 점수가 중요합니다. 그러나 점수로만 결정을 하게 되면 점수능력주의 또는 성적능력주의가 되고 맙니다. 묻지도 말고 따지지도 말고 높은 점수만 얻으면 우수한 인재가 되지요. 시험 성적, 즉 결과가 능력을 결정짓습니다. 그러니 수단과 방법을 가리지 않고 점수 따기에 올인하게 됩니다.

그런데 서울대학교는 성적 경쟁에서 승리한 인재가 아니라 진짜 우수한 인재를 뽑고 싶다는 욕심을 갖지 않을까요? 지적으로도 똑똑하고 품성도 좋으며 리더십까지 갖춘 인재를 선발하겠다는 고민을 할 수밖에 없습니다. 왜냐하면 세계 최고 수준의 대학으로 도약하는 것은 결국 교수와 학생의 수준에 달려 있으니까요. 대학원까지 진학해 학문을 계속할 자질이 보이는 학생, 국제무대에서 활약할 수 있는 가능성이 있는 학생, 대한민국의 먹거리를 창출해낼 수 있는 빌 게이츠 같은 인재를 선발하고 싶은 것은 당연한 일입니다. 서울대학교와 같이 우리나라를 이끄는 대학의 선발 방식은 우리 사회의 인재관을 반영하게 됩니다. 그리고 공교육에 미치는 영향은 절대적입니다. 만약 정부가 간섭하지 않고 서울대학교에 자율로 맡긴다면 어떤 방식으로 인재를 선발할까요?

학생 선발방식 못지않게 중요한 문제가 계층적 편향의 심화입니다. 공정하다고 간주되는 선발 절차에 의한다 하더라도 선발의 결과가 상류층에게 유리하다면 사회적 공정성은 불신을 받게 됩니다. 부잣집 자녀들만 주로 다니는 서울대학교는 사회적 갈등을 유발할 것입니다. 왜냐하면 한국 사회에서 서울대학교가 갖고 있는 현실적인 사회적 패권은 매우 강력하니까요. '조국의 미래를 보려면 관악을 보라'고 하지만 대중들의 눈에는 권력과 사회적 패권이 관악에서 나온다는 소리로 읽힙니다. 그리고 그 패권을 상류층이 독차지하겠다는 의지로 읽히게 됩니다.

2019년 1학기 기준으로 서울대학교 국가장학금 수혜율은 24.67%에 불과합니다. 국가장학금은 8분위 이하만 지원되고 9분위 이상, 즉 월 소득 922만 원 이상은 지원을 받지 못하는데, 서울대학교 학생 중 약 75%가 9분위 이상이라는 추정이 가능하게 됩니다. 따라서 서울대학교에 고소득 계층 비율이 높다는 것은 부인하기 어려운 현실입니다. 마찬가지로 국가장학금 수혜율이 연세대학교 24.86%, 고려대학교 25.09%에 불과해 역시 고소득 계층이 높은 것으로 나타납니다. 반면에 지방의 국립대학인 부산대학교는 42.51%, 전북대학교는 49.05%로 큰 차이를 보이고 있습니다. 상대적으로 저소득층이 지방 국립대학에 많이 다니고 있다는 뜻입니다.

사회 계층에 따라서 진학하는 대학에 격차가 발생하는 것은 고등교육의 기회균등에 심각한 문제입니다. 이는 교육을 통해서 계층 상승을 할 수 있는 기회가 점점 줄어들고 있다는 것을 뜻합니다. 형식적으로는 기회의 문은 열어 놓았지만 실제로는 상류층에게 유리한 결과라면 공정한 기회라고 할 수 없습니다. 결국 돈이 실력이고 돈이 학벌이 되기 때문입니다.

상류층은 좋은 학벌을 쟁취하고 그 카르텔을 유지하기 위해서 고급 네트워크를 활용해 스펙을 쌓거나 사교육에 투자합니다. 그렇게 해서 자녀의 학벌을 쟁취하고 사회적 지위를 물려주는 데 성공할 가능성이 매우 높습니다. 반면에 서민층은 학벌 쟁취에 실패하고 그에 따른 저소득으로 인해 자녀들에게 투자하지 못하고 그 결과로 다시 자녀들은 저학력과 저소득의 악순환에 빠지게 됩니다.

이러한 선순환과 악순환이 여러 세대에 걸쳐서 진행이 된다면 계층은 고착화되고 사회는 경직화되고 사실상 신분제 사회가 될 것입니다. 의사, 판사, 변호사, 교수 등을 온통 부잣집 자식들이 차지하는 사회가 됩니다. 부잣집 자식들이 좋은 대학을 독점하고 졸업 후 사회에서 서로의 끈끈한 유대로 권력과 고소득의 특권을 유지한다면 사회 양극화는 더욱 심해지고 서민대중은 절망하게 될 것입니다.

누가 서울대학교를 가야 할까요? 모두가 똑똑한 사람이 가야 한다고 생각합니다. 그러나 '누가 진정으로 똑똑한 미래의 인재인가?', '특정 계층에 쏠림 현상은 정당한가?' 등에 대한 사회적 논의는 지속적으로 필요합니다.

내가 SKY만 나왔어도······

　　교육부를 출입하는 어느 기자가 서울대학교를 비판하는 기사를 쓸 수가 없다고 해서 왜 그러냐고 물었더니 서울대학교를 안 나온 사람이 서울대학교 비판 기사를 쓰면 비웃음을 당할까 봐 염려된다는 것입니다. 그래서 그런지, 우리 사회에서 학벌 문제 또는 서울대학교 폐지 운운은 서울대학교를 나온 사람들이 많이 합니다. 학창시절에 열심히 공부해서 서울대학교에 가서 학자가 되거나 사회운동 또는 정치를 통해 입지를 다진 분들이 학벌 문제를 날카롭게 비판합니다. 우리 사회에서는 서울대학교를 나오지 못한 사람이 거의 대부분이고, 이런 보통 사람들이 서울대학교 폐지 운운하면 비웃음을 산다고 느낄 수 있습니다. '실력이 없어서 다녀보지도 못했으면서 무슨 비판이냐?'고 하면 할 말이 없습니다.

특정 대학 출신이 사회적으로 특권적 지위를 누리는 것을 '학벌'이라고 합니다. 경성제국대학교 법문학과와 해방 이후 서울대학교 법학과의 후광으로 서울대학교 전체가 그리고 그 뒤를 잇는 몇몇 사립대학들이 '일류대학' 또는 '명문 대학'으로 불리며, 한국 사회에서 출세를 하려면 서울대학교를 가야 하고 적어도 SKY는 나와야 한다는 신화가 생겨났습니다.

사법부는 물론 행정부 장·차관, 심지어 선거로 뽑는 국회의원 선거에서도 SKY출신이 주류를 형성하게 됩니다. 이승만 정부부터 노무현 정부까지 역대 장관 중에 서울대학교가 40.5%, 고려대학교 8.2%, 연세대학교 4.4%로 세 대학이 53.1%를 차지하고 있습니다. 군사정부 시절에 육사 출신이 많았던 것을 감안하면 엄청난 수치입니다. 20대 국회의원 지역구 당선자 253명 중 서울대학교 67명(26%), 고려대학교 35명(14%), 연세대학교 20명(7.9%)으로 전체 47.9%를 세 개 대학 출신이 차지하고 있습니다. 2016년 인사혁신처 자료에 따르면 우리나라 고위공무원단 총 1476명 중 SKY대학 출신이 814명으로 전체의 55.2%를 차지하고 있습니다. 3개 대학 출신이 국가 고위 행정의 과반을 장악하고 있는 것입니다.

우리 사회의 지도층에 대한 대부분의 데이터는 서울대학교를 비롯한 몇몇 대학 출신들이 장악하고 있다는 것을 보여주고 있습니다. 직장에서 치열한 경쟁을 치른 산업화 세대들은 학연이라는 세력을 형성하고 서로 끌어주는 학벌이라는 강력한 사회자본의 힘을 피부로 느끼며 살아왔습니다. 능력이 있어 출세하기도 하지만 학벌의 힘에 의해서 출세를 할 수 있도록 여건이 만들어지기도 합니다. 직장에서 꿈을 펼치지 못한 많은 사람들은 '내가 SKY만 나왔어도……'라는 한을 품게 되고 '내 자식은 그런 전철을 밟지 않게 해야지'라는 염원이 생기는 것은 당연합니다.

오늘날 강남의 아파트에 자리 잡은 지방 출신들은 대부분 SKY와 같은 괜찮은 대학을 나와서 고위 관료, 전문직 또는 대기업으로 진출한 소위 '개천의 용'들입니다. 이 개천의 용들이 자식들에게 다시 사회적 특권을 물려주려고 갖은 노력을 다합니다. 어느 학자는 산업화 1세대의 학벌에 대한 한풀이가 끝나면 학력경쟁은 약화될 것이라고 보았습니다. 그러나 현실은 안정적인 사회적 지위의 유지를 위해서는 '자녀에게 학벌을 물려주는 것'이 가장 효과적임을 보여주고 있습니다. 따라서 학벌경쟁은 더욱 심화된다고 보는 것이 합리적 진단입니다.

이렇게 우리 사회의 성공한 사람들이 자녀에게 학벌을 물려주려고 온갖 노력을 다하기 때문에 대학 입시는 점점 더 좁은 문이 되어 갑니다. 특히, 중하위 계층에게는 더욱 더 좁아집니다. 사교육비 지출에서도 밀리는 서민층 자녀들이 좋은 대학에 가서 전문직이나 안정적인 직장을 갖게 될 가능성은 점점 줄어들게 됩니다. 전통사회의 족벌 체제가 비난을 받는 것은 소수가 다수를 지배하는 닫힌사회이기 때문입니다. 오늘날 학벌이 문제가 되는 것은 귀족사회와 유사하게 상위 계층에게만 기회가 열려 있는 닫힌사회가 될 우려가 있기 때문입니다.

노벨상 하나 없는 우리 대학

대학은 우리 아이들이 공부하고 졸업해 좋은 직장에 취업하도록 돕는 이상으로 중요한 역할을 합니다. 우리나라 과학기술의 원천이 대학에 있기 때문입니다. 대학 교수들은 학생을 가르치기도 하지만 연구를 통해서 새로운 지식과 기술을 창출해내는 중요한 역할을 담당하고 있습니다. 그야말로 과학자, 연구자들입니다. 한 나라의 국가 경쟁력은 과학 기술력에 좌우됩니다. 대학 경쟁력이 국가 경쟁력입니다.

20세기의 미국은 좋은 사례입니다. 미국의 경쟁력은 미국 대학의 경쟁력이라 해도 과언이 아닙니다. 20세기 미국의 패권에는 미국 대학의 약진이 있었기 때문입니다. 미국은 세계 최고 수준의 대학을 가장 많이 보유하고 있습니다. 지금도 AI 등 4차산업혁명을 대학을 중심으로 하는 혁신 생태계가 이끌고 있습니다.

일본은 어떨까요. 일본은 근대화와 산업화의 빠른 출발로 우리나라를 식민지로 만들었고, 종국에는 더 높은 기술력과 생산성을 갖춘 미국에 패했지만, 한때는 동남아시아 전체를 점령하는 엄청난 국력을 과시했습니다. 이러한 팽창은 과학기술의 뒷받침이 없이는 불가능한 것이고 이를 뒷받침하는 기술과 인재들이 제국대학에서 배출되었습니다. 우리 민족으로서는 불구대천의 원수지만 일본이 육성한 제국대학의 성과는 무시할 수 없는 시사점을 주고 있습니다. 우리와 같이 서구 열강에 의한 강제 개방과 근대화 과정을 거친 일본의 사례를 살펴보는 것도 '지피지기(知彼知己)'라는 관점에서 의미가 있습니다.

일본은 1854년 미국에 의해 강제로 개방되었습니다. 1858년에는 미국을 비롯해 영국 · 러시아 · 네덜란드 · 프랑스와 통상조약을 체결했습니다. 1867년에는 700여 년 내려오던 막부시대가 끝나고 천황을 중심으로 하는 메이지 정부가 수립됩니다.

메이지 정부가 수립되고 20년이 지날 즈음, 1886년에 도쿄제국대학교가 문을 엽니다. 뒤를 이어 1897년 교토제국대학교, 1907년 도호쿠제국대학교, 1911년 규슈제국대학교, 1918년 홋카이도제국대학교, 1924년 게이조제국대학교(경성제국대학교), 1928년 다이호쿠제국대학교(타이페이제국대학교), 1931년 오사카제국대학교, 1939년 나고야제국대학교가 설립됩니다. 일본 본토에 7개, 식민지에 2개교가 설립되었습니다.

1876년 강화도조약이 체결된 10년 동안 우리는 근대화의 방향을 잡지 못하고 갈팡질팡하고 있을 때, 일본은 도쿄제국대학교를 설립해 근대화를 뒷받침하는 새로운 인재를 양성하기 시작했습니다. 도쿄제 국대학교는 이공계가 중요한 비중을 갖고 있고 대학원까지 갖춘 연구 중심대학을 표방했습니다. 학문적 수월성과 연구중심을 지향하는 독일 대학을 모델로 했습니다. 일본 전역의 수재들이 모여들었습니다. 1897년 두 번째로 설립된 교토제국대학교도 마찬가지입니다.

1924년, 일제는 경성에 제국대학교를 설립했습니다. 도쿄제국대 학교가 설립된 지 38년 만입니다. 우리의 민립대학 설립 운동에 대한 대안으로 제국주의 정부가 통제할 수 있는 대학을 설립했습니다. 그 런데 경성제국대학교에는 이공계를 설치하지 않습니다. 의과와 법문 학부만 설치한 것입니다. 이공계는 1938년에야 설치되었습니다.

일본제국주의 시대에 제국대학은 일본의 과학기술의 원천이었 습니다. 놀라운 점은 제국대학 설립 초기부터 철저하게 연구중심대 학을 추구했습니다. 1945년까지는 제국대학만 박사과정을 운영할 수 있었습니다. 또한 제국대학을 위한 별도의 특별회계를 운영했습 니다. 교수들에게는 과학연구비를 지원했습니다. 정부는 연구비를 지원해주고 교수마다 조교수와 조교를 배치하는 등 오늘날에도 우리 대학도 구축하기 어려운 연구 시스템을 마련해줍니다. 연구중심대학 이라는 비전을 갖고 그 목적에 맞게 학사제도를 갖추고 우수 교수를 우대하고 재정적인 지원을 아끼지 않았습니다. 이렇게 서구의 과학 기술을 빠르게 따라잡을 수 있는 대학의 존재가 근대 일본 제국주의 의 경쟁력의 원천이라 할 수 있습니다.

일본 정부의 적극적인 지원에 힘입어 제국대학은 국제적인 수준의 학문적 위상을 갖게 됩니다. 일본 최초의 노벨상(물리학) 수상자는 1949년 수상한 유키와 히데키입니다. 교토제국대학교 이학부 졸업에 오사카제국대학교 박사 출신입니다. 그 뒤를 이어 일본 국적의 노벨상 수상자가 25명인데 그중 22명이 과학 분야 수상자입니다. 제국대학의 두 축인 도쿄대학교 8명(물리학상 5, 화학상 1, 생리학·의학상 2), 교토대학교 8명(물리학상 3, 화학상 3, 생리학·의학상 2)의 과학 분야 수상자를 배출했습니다.

한반도의 청년들이 망국의 설움을 앉고 좌절하거나 독립운동에 뛰어들 때, 일본의 청년들은 대학에서 과학 연구에 매진했습니다. 우리가 이공계도 설치되지 않은 겨우 하나의 대학을 갖고 있을 때, 일본은 7개의 제국대학에서 수많은 과학도를 배출했습니다. 2차대전 패망 후 일본의 부흥은 이런 인재들이 이끌었습니다.

국가 전략적인 측면에서 볼 때, 우리는 고급인력 양성 면에서 일본에 한 세대 이상 뒤처져 있었습니다. 일제강점기 한반도의 인재들은 일본에 유학을 가야 제대로 된 대학교육을 받을 수 있었습니다. 그러나 일본 유학은 정말 극소수에 해당했고, 그나마 이공계 진학은 드물었습니다.

해방 이후 우리 대학의 상황은 열악했습니다. 대학을 고등학문을 연구하는 기관이기보다는 세속적인 출세를 위한 도구로 인식하는 경향이 강했고 학문적인 기반도 약했습니다. 이런 가운데 우리의 산업화를 이끌었던 최고급 두뇌들은 미국 등 선진국 대학에서 배출되었습니다. 70~90년대 유학을 갔다 온 많은 학자들이 지금 우리 대학의 학문 후속 세대를 육성하고 있습니다.

물론 우리도 해방 직후부터 지역 국립대학 체계를 갖추어 나가는 등 고등교육 시스템 구축을 위해 노력했습니다. 그러나 대학이 학문적 수월성을 추구하기보다는 산업화 인력을 공급하는 데 치중했고 정부의 대학 육성전략도 양적 확대에만 급급했지 세계적 수준의 학문적 수월성을 추구하는 비전은 갖지 못했습니다. 대학은 그저 졸업 후 취업하는 인력을 양성하는 기관으로 인식되었습니다. 그러다 보니 학문적 수월성이나 성과보다는 취업이 잘되는 명문 대학에 대한 집중과 과도한 선호 현상이 벌어지게 된 것입니다.

1886년 일본에 제국대학 체계가 들어선 후 68년 만에 노벨 물리학상 수상자가 나왔습니다. 우리는 1946년에 국립서울대학교를 설립했습니다. 2022년 기준으로 76년이 지났지만 아직 학술 분야 노벨상 수상자가 없습니다. 우리나라 대학의 학문적 수월성을 어떻게 추구해갈 것인지에 대한 많은 고민이 필요합니다. 대학의 경쟁력이 국가의 경쟁력이기 때문입니다.

대학의 경쟁력이 대한민국의 미래다

우리 대학은 해방 이후 보릿고개를 넘기고 산업화를 거치면서 산업화 시대의 관리 인력, 기술 인력을 양성하는 것이 주된 역할이었습니다. 대학은 취업을 위한 중요한 관문이었고 IMF 사태와 세계 금융위기 전까지는 대학 졸업장만 있으면 취업이 어렵지 않았습니다. 우리에게 있어서 대학은 국내에서 출세하거나 기업체에 취업하기 위한 관문이었습니다. 어찌 보면 순전히 국내용이었습니다.

21세기에 들어 세계화의 심화, 4차산업혁명 시대의 도래와 같은 변화의 물결은 국내용 인재만 길러서는 국가경쟁력에 한계가 있다는 현실에 직면하고 있습니다. 이제 전 세계적인 경쟁을 헤쳐나갈 수 있는 세계무대용 인재를 길러내는 것이 우리 사회의 과제이고, 일류대학의 사명으로 요구받고 있습니다.

우리나라의 상위권 대학이 세계 수준의 교육과 연구 역량을 갖춘 대학으로 성장한다면 그것은 바로 우리나라의 경쟁력이 됩니다. 대학에서 새로운 지식이 창출되고 창업이 이루어지고 이를 통해 기업이 성장하면 양질의 일자리가 늘어나고 세계적인 국력을 갖춘 나라가 될 수 있습니다. 따라서 서울대학교를 비롯한 일류대학은 국내용 인재 육성에서 한 발 더 나아가 세계무대에서 활약하는 그런 큰 인재들을 육성해야 합니다. 학부 위주의 운영을 줄이고 대학원 위주의 고급 인재 육성에 더욱 중점을 두어야 합니다. 학부는 가볍게 하고 대학원을 확충해 세계 최고 수준의 전문 인력, 과학자, 그리고 다양한 분야의 학자들을 배출해야 합니다.

우리 대학원의 수준 향상은 해외로 나가는 유학 수요를 줄일 수 있을 뿐 아니라 외국의 유학생을 유치할 수 있는 좋은 계기가 됩니다. 과학고, 영재고 등을 통해서 육성한 미래 과학도들이 외국 대학으로 유출된다면 국가적인 손실이 아닐 수 없습니다. 우리의 인재들이 우리 기업이 아닌 미국 기업을 위해 연구하고 미국 대학을 위해 연구를 한다면 우리 기업과 우리 대학의 경쟁력은 요원하게 됩니다.

우리 대학에서도 향후 노벨상 수상자가 나올 것입니다만 그 시기가 빠를수록 국가적인 자부심이 됩니다. 'THE 세계대학평가'에서 우리 경제 규모 순위에 부합하는 대학이 나와야 합니다. 국가 경제력은 세계 10위권인데 세계 10위권에 드는 대학이 없다는 것은 심각한 문제입니다. 그러나 이런 이슈가 부각되지 못하는 것은 그저 국내에서 경쟁력을 갖추고 남보다 앞서기만 하는 그런 대학이면 족하다는 사회적 분위기 때문입니다.

우리가 그렇게 입학하기 위해 애를 쓰는 대학이 세계적 수준에서는 별로인 대학이라면 참 허탈한 일입니다. 그렇게 애써 입학했는데 그저 그런 수준의 교육을 받는다면 그 노력은 헛된 노력입니다. 우리 사회가 우리 학생들을 쓸데없이 혹사시키는 것입니다. 왜냐하면 기회만 주어진다면 세계 어떤 대학도 들어갈 수 있는 혹독한 노력을 우리 고등학생들은 하고 있으니까요. 세계 수준의 살인적인 입시 경쟁을 치르고 대학에 들어간 학생들이 왜 세계 수준의 대학생은 되지 못할까요? 그것은 헛된 입시공부를 하고 있거나 대학에서의 교육과 학습이 문제가 있거나 아니면 둘 다이기 때문입니다.

우리 대학이 치열하게 노력을 해서 입학을 할 가치가 있을 만큼 세계적인 인재를 길러내는 요람이 될 뿐만 아니라, 다른 나라의 인재들도 우리의 학문 수준을 보고 유학을 올 수 있는 그런 대학이 많이 나오기를 희망합니다. 우리 대학의 경쟁력은 대한민국의 미래입니다.

입신한 사람에게는 반드시

이 세상과 사회를 위해 헌신할 책무가 있습니다.

_ 한승헌(변호사)

7장

새로운 인재가 필요하다

미래의 새로운 인재관

    누구에게나 하루는 24시간입니다. 보통, 우리나라 고등학생의 하루 일과는 오전 9시부터 오후 5시까지는 학교 시간, 밤 10시까지는 자율시간이라고 볼 수 있습니다. 가장 공정하게 개인의 능력을 볼 수 있는 학습평가는 오전 9시부터 오후 5시까지 학교 시간에 해당하는 만큼의 성취를 평가하는 것입니다. 교과 수업 시간이 끝나면 방과후 활동이 있습니다. 스포츠나 특기적성 활동을 하는 시간입니다. 우리는 방과후 활동 시간이 제대로 인정받지 못하기 때문에 학습시간으로 대체되고 맙니다.

    미국식 〈입학사정관제〉에서는 방과후 활동 시간은 특기 적성과 사회적 품성을 알아보는 중요한 평가 요소가 됩니다. 우리가 흔히 말하는 스펙은 방과후 활동의 결과입니다. 대학 입시에서 보통 성적이

70%, 방과후 활동이 30%의 비율로 중요하다고 하는데, 이는 학생의 학교 시간의 할당과 비슷한 배분입니다. 하버드, 예일 등 세계적인 대학의 학생 선발은 청소년기 균형 있는 심신(心身)의 발달과 사회적 성숙을 하면서 학습이 이루어져야 교육적으로 의미가 있고 개인의 성장과 발전에 기여할 수 있다는 인재관에 기반을 두고 있습니다.

상상해보십시오. 빌 게이츠나 부시 대통령, 빌 클린턴 대통령이 고등학교 시절 책상에 앉아 하루 종일 객관식 문제집을 풀고 또 풀고 하는 모습을요! 상상이 잘 안 됩니다. 미국의 미래 리더들이 공부뿐 아니라 스포츠 활동, 클럽 활동, 봉사 활동 등을 통해 의미 있는 성장을 해나갈 때 우리 인재들은 교실과 학원에 쭈그리고 앉아 문제집을 풀고 또 풀며 시간을 보내고 있습니다. 누가 더 바람직한 리더로 성장할까요? 어느 사회가 미래에 더 경쟁력을 갖게 될까요?

우리는 문제풀이식 훈련에 몰두하는 노력형 입시체제가 운영되고 있고, 학생들은 객관식 문제풀이 훈련에 하루 온종일 시간을 보내고 있습니다. 한창 성장기에 교과서와 참고서에 파묻혀서 지낸 학생과 풍부한 독서와 토론 같은 교육적 경험 그리고 다양한 활동에서 오는 사회적 경험을 가지며 보낸 학생과의 차이는 매우 크다고 할 수밖에 없습니다.

우리가 여러 이유로 성적 위주의 선발 시스템을 운영한다 해도, 미래 세대의 지성적 성장에 도움을 주는 성적 경쟁이 필요합니다. 자신의 생각을 논리적으로 말하고 글로 표현하는 학습과 평가가 필요합니다. 실험도 하지 않은 과학 문제를 외우는 학습은 기억력 훈련에 불과한 것이지 과학학습이라고 할 수 없습니다. 문학작품의 느낌을 객관식 시험에 대비해 외우는 것을 학습이라고 할 수 없습니다.

AI 시대, 4차산업혁명을 외치는 목소리는 높지만, 우리는 여전히 하루 종일 객관식 문제집을 풀고 또 푸는 연습을 하는 학생을 '미래의 인재'라고 하고 있습니다. 밤잠을 못 자고 이를 악물고 얻은 성적이 그 학생의 미래이고 우리 사회의 미래인지 고민해야 합니다. 평생을 밤잠을 안 자고 살 수는 없으니까요. 청소년 시절 한때의 집중적인 훈련을 통해 얻은 점수는 이제 큰 가치가 없을 수도 있습니다. 우리가 AI를 이길 수 있을까요? 그렇게 얻은 점수로 우월감을 느끼고, 점수가 낮은 사람들을 멸시하는 사람들을 길러낸다면 사회적으로는 무가치한 일입니다. 명문 사립대학 학생이 고령의 배달원에게 "못 배우니 나이 들어서 배달이나 한다"고 모욕했다는 기사가 있습니다(〈중앙일보〉, 2021.8.30.). 성적이라는 숫자가 사회적 품성과는 무관한 단순한 기능적 숫자에 불과하다는 것을 알 수 있는 사건입니다.

우리 사회는 객관식 점수 신화에서 벗어나야만 새로운 인재관을 정립할 수 있습니다. 사회공동체를 위한 품성을 함께 갖춘 인재가 우리 민주주의의 발전의 초석이고 우리 사회의 진정한 인재입니다. 어떤 사람을 미래 인재로 볼 것인가는 우리 사회의 앞날을 좌우하는 중요한 문제입니다.

학생부종합전형의 진정한 의미

요즘 교육 불만의 하나가 학생부종합전형이지요? 학생부종합전형의 원형은 미국 아이비리그 대학의 입학사정관제입니다. 미국에서 좀 괜찮은 대학은 입학사정관제로 신입생을 선발하고 있습니다. 우리나라에 이런 선발방식이 도입된 것은 김대중 정부 때입니다. '교육의 획일성을 탈피하고 다양한 소질과 잠재역량을 반영한다'는 취지로 도입되었고 지금은 우리나라 주요 대학의 선발방식으로 자리하게 되었습니다.

미국식 입학사정관제는 미국 사회의 인재를 선발하기 위한 제도로 1920년대부터 도입되어 발전해왔습니다. 똑똑하고, 교양 있고, 사회성 좋고 예체능을 겸비한 멋진 젠틀맨을 선발하는 제도로 시작했습니다. 미국 사회의 리더로서 교양과 사회적 품성을 고루 갖춘 인재관을 반영한 것입니다. 웬만큼 지적 역량이 되면 예체능 활동, 동아리 활동, 사회봉사 등을 중요시해서 평가합니다. 안경 쓴 샌님보다는 운동도 잘하고, 리더십 좋고, 사회봉사도 잘하고, 거기에다 공부도 어느 정도 하는 등 한마디로 멋진 사회인을 선호합니다. 어찌 보면 유럽의 귀족 자제들이 갖고 있는 이미지이기도 합니다. 뭔가 딱 떠오르는 이미지가 있으신가요? 대표적인 인물로는 하버드대학교를 나온 엘 고어(Al Gore) 부통령 스타일입니다.

대학은 SAT 성적, 내신 성적, 방과후 활동, 에세이, 추천서 등을 활용해 선발을 합니다. 면접은 극히 드문 경우이고 논술고사도 없습니다. 방법론적으로는 서류평가로 신입생을 뽑는 것이라 할 수 있습니다. 요즘 추세는 신입생 구성의 다양성을 지향하고 있습니다. 즉, 개개인의 개성을 중시하는 것입니다. 각기 다른 개성의 학생들이 모여 서로서로 영향을 받도록 신입생 집단을 다양하게 구성한다는 취지입니다. 쉽게 말하면 여러 줄로 줄 세우기를 합니다. 각기 다양한 스펙의 지원자를 선발하다 보니 선발 기준을 객관화하기는 애초에 불가능합니다. 선발되는 표준 스펙이 명확히 정해진 것이 아니기 때문에 지원자가 왜 뽑히는지 알 수 없습니다. 왜 불합격했는지도 알 수가 없습니다. 합격하면 뽑아준 대학이 고마울 뿐입니다. 성적이 높다고 합격을 주장할 권리는 없습니다. 성적은 여러 스펙의 하나일 뿐이니까요. '성적순으로 합격자를 결정해야 한다'는 고정 관념에 사로잡혀 있는 객관적 공정론자들은 이해하기 어려운 시스템입니다. 그러나 이렇게 선발하는 미국 대학의 학문적 수월성이 세계 최고 수준인 것은 어떻게 보아야 할까요? 반면에 성적을 강조하는 우리 대학의 경쟁력은 어떠한지요?

미국식 입학사정관제는 고등학교 운영과 잘 조화되어 있습니다. 학생의 고등학교 활동 전반을 평가합니다. 선택형 고교학점제를 운영하고 있으며, 방과후 활동과 스포츠 활동이 충실하게 제공되고 있습니다. 학교의 방과후 활동을 사교육으로 할 수는 없으니 결국 학교 생활을 열심히 하는 것이 최선의 준비입니다.

또 다른 중요한 요인은 대학의 자율권입니다. 대학의 학생 선발은 정부가 간섭하지 않습니다. 대학은 본능적으로 각자가 생각하는 인재를 선발하기 위해 노력합니다. 특히, 미국 사회에서 성공할 가능성이 높은 인재를 선발하고자 합니다. 공부로, 스포츠로, 방과후 활동으로, 추천서로 등 어떤 방식으로 뽑든 정부는 간섭하지 않습니다. 우리 학생부종합전형에서 객관적이고 공정한 평가기준을 제시하라는 것은 미국식 입학사정관제를 잘못 이해한 결과입니다. 다양한 줄세우기 방식에서는 객관적인 하나의 잣대를 들이댈 수 없기 때문입니다.

우리도 지덕체를 고루 갖춘 '전인교육'이라는 교육적 이상이 있습니다. 근대 공교육을 시작할 때 고종황제는 '덕체지(德體知)'를 강조했습니다. 교육입국조서에서 교육의 3대 강령 중 첫 번째로 덕을 내세웠습니다. 우리에게도 인재라는 개념이 성적만은 아니었습니다. 적어도 추구하는 이상은 있습니다. 현실의 경쟁 압력이 객관식 성적 경쟁과 줄 세우기로 몰고 간 것입니다. '4차산업혁명' 운운하면서 언제까지 이렇게 갈 건지 심각한 질문을 던지지 않을 수 없습니다.

학생부종합전형에 대해 학부모가 느끼는 현실은 그리 녹록지 않습니다. 학생부종합전형을 준비하는 것은 고등학교 3년 내내 입시를 생각해야 하고, 그러다 보니 항상 불안하고 걱정거리입니다. 하루에 승부를 내는 수능보다 3년 내내 고등학교에 얽매이게 되는 것은 무척 피곤한 일입니다. 학생부종합전형은 철저하게 학교 교육 중심이기 때문입니다. 게다가 사교육비를 투자해서 결과가 나온다는 보장이 없기 때문에 더 답답할 노릇입니다. 여기저기에서 스펙 쌓기 소문은 들려오고……. 이처럼 3년의 교육활동 전반을 평가하는 것이 3년 동안의 고역이 되는 이유는 대학 서열에 따른 경쟁 압력이 너무 크기 때문입니다. 승자와 패자가 있는 대학 입시에서, 승자가 되고 싶은 염원이 너무 강렬하기 때문입니다. 매 학기 중간, 기말 고사가 큰 스트레스일 수밖에 없습니다. 학교에서의 학습평가를 당연히 필요한 교육과정의 일환으로 보고 이러한 성취를 가치 있게 보는 관점과, 대입을 위한 경쟁으로 학생의 부담으로 보는 관점의 차이입니다. 이런 상황에서 학생부종합전형을 발전시켜가는 것은 우리 교육의 가장 큰 진통입니다.

인재라는 관점에서 수능 날 하루의 객관식 평가로 얻은 점수와 3년 동안 꾸준한 전인적 성장을 보여주며 받은 평가 중에 어느 것이 더 가치가 있는지는 자명한 사실입니다. 수능 하루의 승부를 위해 고등학교 3년간 객관식 문제집에 올인하고 지내는 것과 스포츠도 열심히 하고, 동아리 활동도 하고, 다양한 교과목도 선택해 공부하고, 무엇보다 자신의 진로가 분명해져서 고등학교 3년을 충실하게 보내는 것 중에서 어느 것이 더 가치가 있겠습니까?

고1 때 중간고사를 잘 못 보면 크게 실망하게 됩니다. 마치 대학 진학이 결정이나 된 듯이 절망하고, 심지어 학교를 그만두는 경우도 있다고 합니다. 고등학교 3년 동안 12번의 내신 산출을 위한 시험을 치르게 됩니다. 만회할 기회가 충분합니다. 반면에 수능은 단 한 번의 시험입니다. 한 번 못 보면 만회할 기회조차 없습니다. 과거 수능 성적만으로 선발을 할 때, '단 하루, 단 한 번의 시험으로 대학과 미래가 결정되는 것은 부조리하다'는 비판이 개혁의 모토였습니다.

수능시험이 끝날 때마나 듣는 소리가 있습니다. "고등학교 교육과정을 충실히 이수한 학생은……." 우리 고등학교의 교육과정은 학과 공부 뿐 아니라 전인적인 성장을 위한 충실한 교육과정을 갖추고 있습니다. 이걸 제대로 평가해야 하지 않을까요? 교과 성적은 중요하긴 하지만 교육과정의 일부일 뿐입니다. 우리의 학생부종합전형은 미국식 원형과는 거리가 멀게 경직되어 가고 있고 아직도 보완할 점도 많습니다. 그러나 이런 교육, 이런 학교, 이런 대학 입시로 가야 하는 것이 우리의 희망이 아닐까요? 적어도 AI 시대, 4차산업혁명 운운한다면 그렇습니다.

학생부종합전형이 정착되어 성적으로 서열화된 입시가 아니라, 학생 개개의 진로 적성을 중시하는 입시가 정착된다면 획일적인 대학 서열도 완화될 수 있습니다. 다양한 아이들이 모이는 대학에는 서열이 의미가 없기 때문입니다. 성적 하나로 줄 세우기를 하지 않기 때문입니다. 나의 진로 적성에 맞는 대학을 찾아가는 것이지, 서열에 의한 선택이 아니기 때문입니다. 오로지 나의 적성을 찾아 공부할 분야를 선택하는 것입니다. 대학도 대학의 다양한 개성과 역량을 갖고 있는 신입생을 선발하는 것이지, 성적 줄 세우기를 하는 것이 아닙니다. 그렇게 되면 지금까지 우리를 짓누르는 승자와 패자가 있는 교육에서 벗어날 수 있는 길을 찾을 수 있습니다. 사교육에서 벗어날 수 있는 희망을 가질 수 있습니다.

서열에서 자유로운 대학 선택은 모두가 행복한 길입니다.

우리 모두를 자유롭게 할 것입니다.

고교학점제의 진정한 의미

고교학점제[11]는 간단히 말하면 선택형 교육과정을 운영하는 제도입니다. 지금까지 우리 학교는 선택의 여지가 적었습니다. 화려한 국가교육과정의 미사여구에 비해 우리 고등학교의 현실이 열악하기 때문입니다. 교사, 교실 모두 부족하기 때문에 대부분의 학생이 자기 학급에서 정해진 교과를 배우는 방식입니다. 한 학급 학생은 배우는 과정이 똑같습니다. 우리에게 익숙한 방식입니다. 그러다 보니 입시도 모든 학생이 똑같이 배우는 교과를 중심으로 하는 수능체제가 발달해 왔습니다. 그런데 수능은 미국의 SAT가 모델로 고교학점제와 입학사정관제가 발달한 나라의 평가방식인데, 전혀 그렇지 못한 나

---

11   고교학점제의 미국 학교 운영 사례는 졸저 《개천의용, 공정한 교육은 가능한가》(공명, 2021)에서 자세히 소개하고 있다.

라에서 사용하고 있으니 원래 제도 취지가 왜곡되는 것은 뻔한 일입니다.

우리의 획일적 교과 운영은 학생의 능력과 다양한 관심사를 반영하지 못한다는 한계가 있습니다. 그래서 다양한 교과를 제공하고 이를 선택적으로 이수하게 하고, 이렇게 이수한 단위를 학점으로 하여 대학처럼 일정 이상의 교과 이수 즉 학점을 취득해야 고등학교를 졸업하는 제도를 도입한다는 것입니다. 졸업학점 취득은 어려운 것이 아니니 제도의 초점은 다양한 교과목의 선택에 있습니다.

국어, 영어, 수학 공부하고 이 성적으로 대학 가던 세대는 참 이해하기 어려운 일입니다. '뭐 그리 복잡하게 여러 교과목을 개설하고 선택하게 하고 그러는지' 하는 불만도 있을 수 있습니다. 그러나 학생의 관심사는 다양합니다. 국영수를 잘하는 학생도 있지만 특히 생물 과목에 집중하는 아이도 있습니다. 생물학적 관심과 상상력이 풍부한 아이가 있을 수 있습니다. 분자생물학, 유전학, 진화생물학 등과 같은 심화과목을 더 많이 이수하려 할 것입니다. 입학사정관제에서는 이런 학생이 생물학 관련 학과에 지원하면 더 뽑고 싶어 하지 않겠습니까? 이것이 적성의 다양성을 반영하는 선발방식입니다. 총점으로 대학 가는 것과는 다른 방식입니다. 학생들은 자기가 흥미로운 과목, 즉 진로 적성에 맞는 과목을 더 많이 이수할 수 있는 기회를 갖게 되고, 이러한 노력을 평가받을 수 있게 됩니다. 학생들의 관심사는 각기 다양하니 이를 충족시켜주기 위해서는 더 많은 교과목과 이를 가르칠 교사와 교실이 필요하게 됩니다.

고교학점제는 사실 이름은 거창하지만 우리 교육과정을 충실하게 제공하는 것에 불과합니다. 교육과정에 있는 교과를 제대로 여건을 갖추어 제공한다는 의미에서는 전혀 새로운 제도가 아닙니다. 다른 나라에서는 이런 명칭을 사용하지도 않습니다. 원래 그렇게 학교를 운영하기 때문입니다. 교육과정에 있는 과목을 학교에서 제공하지 않는 것은 열악한 우리 공교육의 한계입니다. 쉽게 말하면 불어가 지정된 고등학교에서는 독일어, 스페인어를 배울 수 없습니다. 이제부터는 불어, 독일어, 스페인어 등을 모두 제공하자는 것입니다. 사회교과를 예를 들면, 역사, 경제, 정치, 법, 사회학 등 다양한 사회과학 분야의 과목을 제공합니다. 학생들은 각자의 수준과 관심사에 따라 세부 과목을 선택해 이수할 수 있습니다. 미국 코네티컷주 트럼불 고등학교(Trumbull High School)의 실제 개설과목입니다.

사회(Social Studies) 개설 과목(총 29개)

기초 세계문화, 중급 세계문화, 고급 세계문화, 기초 미국사, 중급 미국사, 고급 미국사, AP 미국사, 기초 미국 경제, 중급 미국 경제, 고급 미국 경제, AP 경제학, 기초 미국 정치, 중급 미국 정치, AP 헌법, AP 미국 정부와 정치, 고고학과 역사 토픽, 비교종교학, 문화인류학, 고급 철학의 문제, 법과 정의, 고급 법과 정의(시민법), 고급 법과 정의(형법), 심리학, 사회학, 고급 Global Insights, AP 비교 정치학, AP 유럽사, AP 심리학, AP 인문지리

고교학점제는 제대로 된 고등학교 교육을 하겠다는 취지입니다. 지금까지는 그럴 여건이 안 되어서 획일적인 교육과정을 제공했던 것입니다. 당장은 아니더라도 앞으로 우리가 나가야 할 방향임은 분명합니다. 그러니 무슨 큰 제도적 격변이 있는 것처럼 불안할 필요는 없습니다. 대부분의 교육 선진국의 고등학교 모습이기 때문입니다. 제대로 된 고등학교의 모습입니다.

문제는 대학 입시입니다. 정해진 교과만 배울 때는 일제고사식 수능 시험이 가능합니다. 그런데 배우는 과목이 다양해지면 평가가 어려워집니다. 미국은 이 문제를 입학학사정관제를 통해 해결하고 있습니다. 무슨 과목을 이수했건 내신성적은 절대평가 방식으로 계량화합니다. 대학의 입학사정관은 이수한 과목의 분야와 난이도를 함께 살펴서 학생을 선발합니다. 정량을 기반으로 하는 정성적인 평가입니다. 장래 꿈이 변호사인 학생이 법률 과목을 하나도 이수하지 않았다면 입학사정관은 고개를 갸우뚱하겠지요.

고등학교의 차이와 이수과목의 차이를 보정하려는 것이 SAT입니다. SAT는 기본적으로 역량평가입니다. 교과 지식을 평가하는 것이 아니라 대학에서 공부할 수 있는 소질 또는 역량에 대한 정보를 제공하는 표준화 검사의 성격을 갖고 있습니다. SAT는 어느 정도 상대적인 위치를 알 수 있는 점수를 제공합니다. 이런 평가가 우리나라에 들어와서 철저하게 교과평가로 변형된 것이 수학능력시험입니다. 현재 우리의 수능은 고교학점제와는 부합하지 않는 제도입니다. 선택형으로 제공되는 많은 과목을 수능에 반영할 수도 없고, 그렇다고 일부 교과만 수능에 반영되면 이들 과목만 공부할 것이기 때문입니다. 향후 수능을 어떻게 개편할 것인가는 고교학점제 관련해 가장 어려운 과제이고 학부모의 주된 관심사입니다.

입학사정관제(학생부종합전형)와 고교학점제는 하나의 패키지입니다. 둘이 같이 가야 하는 것이지 하나만 갈 수는 없습니다. 그동안 입학사정관제의 도입에 비해서 고교학점제는 늦었습니다. 고등학교 교육과정은 단순한데 학생은 다양성을 반영해 선발한다는 것은 앞뒤가 맞지 않습니다. 반대로 고등학교 교육과정은 다양한데 몇몇 교과의 성적으로만 선발한다는 것 역시 앞뒤가 맞지 않습니다.

따라서 고교학점제를 제대로 한다는 것은 학생부종합전형을 제대로 한다는 뜻이기도 합니다. 학생부종합전형과 고교학점제의 완전한 정착은 우리 교육의 획기적인 전환입니다. 4차산업혁명을 선도할 수 있는 인재 양성을 위한 준비입니다. 국가적인 역량을 모아야 합니다. 무엇보다 학부모의 이해와 지지가 필요합니다.

공부 잘하는 사람들의 패악질

우리는 아프면 병원에 갑니다. 그런데 의사가 전문적인 지식이 부족해 진단과 치료를 제대로 못한다면 어떻게 되겠습니까? 전문직 업인이 되는 엘리트들의 전문성과 경쟁력은 매우 중요합니다. 지금 세계는 빅데이터, AI, 자율주행자동차 등 신기술 경쟁을 하고 있습니다. 우리나라에 과학기술 분야의 인재가 부족해 이런 경쟁에 뒤진다면 다른 나라의 기술이나 소비하는 사실상 기술 식민국가로 전락할 것입니다. 대한제국의 패망은 기술의 패배입니다. 《사서삼경》으로는 비행기도 만들 수 없고 철도도 만들 수 없었습니다. 무기도 만들 수 없었습니다. 약육강식의 제국주의 시대에 식민지가 되는 것은 너무도 당연한 결과입니다.

1941년 일본이 진주만을 공습해 미국과 전쟁을 시작합니다. 당시 일본은 세계 최고 수준의 막강한 해군력을 갖고 있었습니다. 진주 만 공습 때 6척의 항공모함을 중심으로 구성된 함대와 450대의 비행 기를 동원했습니다. 이러한 일본의 기술력은 식민지 조선인에게 절 망을 주었습니다. 이 즈음에 지금까지 나름 버텨왔던 많은 지도급 인 사들이 친일 행위를 하게 됩니다. 당시 식민지 조선의 능력으로는 독 립은커녕, 만일 독립을 해도 후진국을 면치 못할 것이라는 자포자기 와 강한 쪽에 기대어 영달을 꾀하고자 하는 이기적인 생각이 팽배해 졌습니다. 일제가 주장하는 대동아 공영권에 혹하게 되었습니다. 당 시 일본의 국가경쟁력 즉 과학기술과 군사력을 믿었습니다. 그러나 일본은 더 강한 기술력과 국력을 갖고 있던 미국에게 지고 맙니다.

대한민국의 미래는 과학기술에 달려 있다고 해도 과언이 아닙 니다. 그리고 과학기술은 결국 사람의 문제입니다. 인재의 문제입니 다. 과학자, 의사, 법률가, 엔지니어, 전문 경영인 등 각 분야의 인재 수준이 국가경쟁력을 좌우합니다. 21세기 미국의 경쟁력은 구글, 아 마존, 애플, 메타(Meta)와 같은 혁신적이고 선도적인 기업들에서 유 래합니다.

한 사회를 선도해가는 인재들은 꼭 필요한 존재입니다. 그래서 엘리트는 비교적 높은 사회적 보상을 받습니다. 경제적으로뿐만 아 니라 사회적 영향력 등 그야말로 파워 엘리트가 됩니다.

그러나 이런 엘리트들이 자신의 이익과 특권만 추구할 때는 오 히려 사회적 해악이 더 큽니다. 나라를 팔아먹기도 하니까요. 조선 후기에 많은 민란은 지방 통치자인 수령들의 가렴주구에 대한 항거

였습니다. 백성들은 패악질을 일삼는 과거급제자들의 통치를 거부했습니다. 성리학적 지식으로 과거시험에 합격한 사람들이 탐관오리가 되어 백성을 수탈했습니다. 이들은 성리학적 수양과는 상관없이 암기된 지식에 따라 그저 시험에 합격한 것뿐입니다. 이런 이들은 그저 공부 잘하는 사람, 시험 잘 보는 사람일 뿐입니다.

일제 때 친일을 하고 국권을 넘겨준 고관대작들은 대부분 조선 후기 성리학을 공부한 당대의 엘리트들이었습니다. 을사오적 중 권중현(농상부대신)을 제외하고, 박제순(외부대신), 이지용(내부대신), 이완용(학부대신), 이근택(군부대신)은 모두 고종 때 과거급제자였습니다.

또한 박은경(1999)의 연구에 따르면 대한제국 칙임관(오늘날 고공단급) 113명 중 50명이, 주임관(오늘날 3~5급 상당) 684명 중 401명이 1910년 한일강제병합 이후 조선 총독부에 계속 근무한 것으로 나타나는데 그중 82명이 과거급제자였습니다.[12] 성리학으로 무장한, 충효를 공부한 지식인이자 엘리트들이 나라가 망하든 말든 자리보전을 한 셈입니다. 필시 백성을 돌봐야 한다는 명분을 댔겠지요.

일제강점기 경성제국대학교나 일본 본토의 제국대학을 나온 엘리트들 역시 친일을 많이 했습니다. 일제강점기 고등문관 시험에 조선인 합격자가 행정과 135명, 사법과 272명이나 됩니다. 이들이 모두 친일이라 단정할 수는 없지만 적어도 일제의 통치권을 수용하고, 그 통치권을 수행하는 권력기구를 담당하는 핵심 엘리트였다는 점은

---

12   박은경, 《일제하 조선인 관료연구》(학민사, 1999).

부인할 수 없습니다. 국권을 상실했건 말건 출세하고자 하는 지식인의 욕망이 그대로 드러난 것입니다. 이들이 고등문관시험 공부를 하고 있을 때 많은 청년들이 독립군이 되어 목숨을 걸고 싸웠습니다.

해방 이후 군사독재 시절에 많은 지식인들이 유신헌법을 옹호하고 법관들은 그에 따른 재판을 서슴지 않았습니다.

공부 잘하는 사람들의 패악질은 사회적 피해가 너무 큽니다. 나라를 팔아넘기는 짓도 서슴지 않기 때문입니다. 지식인 즉 공부 잘하는 사람은 지식을 권력이나, 돈이나, 명예로 바꾸려는 본능이 아주 강합니다. 이 과정에서 사회에 해악을 끼치는 경우가 많습니다. 따라서 공부 잘하는 것이 우리 사회에 긍정적인 기여가 없다면 아무런 가치가 없습니다.

그럼에도 공부 잘하는 사람들의 사회적 패권이 유지될 수 있던 이유는 뿌리 깊은 유교주의, '숭문주의' 그리고 오늘날에는 '능력주의'라는 도그마를 극복하지 못하기 때문입니다. 성리학적 유교주의와 결합된 능력주의는 단순히 인간의 학습 능력이라는 능력주의를 넘어서 인격적 우월성을 부여하는 강력한 사회적 도그마입니다. 이런 도그마 때문에 우리는 공부 잘하는 사람들의 권력과 특권을 용인하고 동경할 뿐만 아니라 내 자식이 그 자리에 올라가기만을 바라게 됩니다.

공부는 인간의 여러 능력 중 하나입니다. 우리 사회가 공부에 과도한 가치를 부여하는 것뿐입니다. 공부 잘하는 사람이 리더로서 도덕성과 사회적 품성을 보이지 못한다면 사회적 패악을 끼치는 '공부 잘하는 사람'에 불과합니다. 공부를 잘하던 못하던, 자기 위치에서 우리 사회를 위해 올바르게 기여하는 사람들이 훨씬 더 가치 있게 대접받아야 합니다. 공부를 잘하는 사람은 과학자로서, 의사로서, 법관으로서 또는 행정가로서 자기의 역할을 하고, 공부 이외에 다른 재능이 있는 사람은 각자의 직업 영역에서 인정을 받고 행복하게 살 수 있어야 합니다.

공부 패권은 권력의 민주화, 노동의 민주화, 사회복지와 깊은 연관이 있습니다. 따라서 우리 사회의 민주주의 성숙은 공부 잘하는 것에 대한 과도한 신화를 깨는 것부터 시작됩니다.

새로운 인재가 필요하다

"입신한 사람에게는 반드시 이 세상과 사회를 위해 헌신할 책무가 있습니다."(〈전북일보〉, 2019. 9. 20.)

인권변호사로 우리 사회의 민주화에 크게 기여한 한승헌 변호사가 인터뷰에서 하신 말씀입니다. 우리 사회에서 출세의 지름길이라 여겨지는 사법고시나 변호사 시험을 통해 법률가가 된 사람들을 대상으로 강조한 말이지만 어느 분야의 사람들에게나 다 적용되는 말입니다.

의사, 변호사, 과학자, 학자, 전문 경영인, 고위 공직자 등의 전문직은 우리 사회에 꼭 필요합니다. 우리 사회의 리더인 이들의 경쟁력이 곧 국가 경쟁력입니다. 고도의 전문적인 지식과 역량을 통해 우리 사회에 기여하는 전문직은 높은 보상과 사회적 존중을 받습니다.

수술을 통해 수많은 생명을 살리는 의사, 사회 정의를 수호하는 법률가, 불철주야 연구를 통해 우리나라의 과학기술을 발전시키는 과학자, 세계를 누비는 경영전문가 등 많은 전문가들이 우리 사회를 이끌고 있습니다.

관건은 '누가 이런 역할을 하는 사람이 될 것인가'입니다. 이런 전문직은 많은 사람들이 선호하고 있기 때문에 그 관문인 대학 입시가 치열할 수밖에 없습니다. 얼마 전까지는 성적에 의한 선발이 전부였습니다. 치열한 경쟁을 객관화하기 위해서 객관적인 숫자로 줄을 세웠습니다. 이 숫자로 누가 의사가 될 것인지를 정했습니다. 지원자가 의사에 적성이 있는지, 우리 사회의 공익 실현에 기여할 수 있는 품성이 있는지의 여부는 전혀 고려되지 않았습니다. 아프리카까지 가서 의술을 실천하는 의사와 프로포폴 주사로 돈벌이를 하는 의사가 사회적 의미에서 같은 의사라고 할 수는 없지요. 이제 조금씩 바뀌어가고 있습니다. 의사로서의 적성이 있는지, 환자를 위해 히포크라테스의 정신을 실천하는 사회적 품성이 있는지를 알아보려고 시도하고 있습니다. 아직은 어려움이 있지만 우리 대학은 시간이 지나면 사회적 품성이 좋은 인재를 판별할 수 있는 역량을 갖게 될 것입니다.

엘리트들의 사회적 품성이 중요한 이유는 그들의 사회적 영향력이 매우 크기 때문입니다. 특히 부정적인 영향을 끼칠 때 그렇습니다. 전문지식을 활용한 배타적 사익 추구, 부실한 전문 서비스, 고소득의 탈세, 특권적 행태 등은 국가경쟁력을 좀먹을 뿐 아니라 계층

간 갈등을 심화시키게 됩니다. 엘리트들이 서민 위에 군림하고 자기들만의 특권을 유지하려 하면 엘리트가 지배하는 사회가 됩니다. 소수 엘리트가 대중 위에 군림하고 대중을 지배하는 사회는 민주주의와는 거리가 먼 사회입니다.

우리 사회의 구성원이 엘리트를 신뢰하지 못하게 되면 엘리트 자리를 향한 극한적인 투쟁만 있을 뿐입니다. 출세한 엘리트로부터 착취와 지배, 차별을 받는다고 생각하면 수단과 방법을 가리지 않고 오로지 내 자식을 엘리트 반열에 올려놓기 위한 경쟁에 몰두하는 것이 최선입니다. 지배받지 않으려면 지배자가 되어야 하니까요. 엘리트 경쟁에서 패한 사람은 승자를 쉽게 인정하지 않습니다.

사회적 품성이 있는 엘리트를 선발하는 시스템이 중요한 이유는 우리 사회의 민주적 발전뿐 아니라 불필요하게 치열한 사회적 경쟁을 완화하고 공정한 경쟁과 그 결과를 수용할 수 있기 때문입니다. 설령 내 자식이 엘리트가 되지 못한다 해도 다른 집안의 자식들이 사회를 위해 기여하고 봉사한다는 신뢰가 있다면 그들을 인정하기 쉬워집니다. 내 자식이 아닌 다른 사람의 자식이 출세해도 그들이 우리 가족을 위해 봉사한다는 믿음이 있다면 내 자식이 출세를 못했다는 아쉬움은 있지만 그래도 우리 사회에 대한 믿음을 갖게 됩니다. 경쟁의 결과에 승복할 것입니다. 내 자식이 엘리트 경쟁에서 패했다 하더라도 차선의 대안을 찾아 역량에 맞는 진로를 개척해갈 것입니다. 서민 대중의 지지를 받는 엘리트 양성은 중요한 사회적 과제이고 결국 엘리트의 관문인 대학 입시 제도가 중요한 이유입니다. 시험성적

1점을 더 얻은 것이 중요한 것이 아니라 우리 사회를 위해 얼마나 기여할 수 있는 사회적 품성을 갖춘 인재인지가 더 중요합니다.

이러한 인재 양성은 공교육의 비전과도 일치합니다. 요즘은 갈수록 그 의미가 퇴색하고 있지만, 우리 공교육은 지덕체를 고루 갖춘 전인교육을 이상으로 삼고 있습니다. 엘리트들의 특권을 억제하고 서민 대중을 위해 봉사할 수 있는 사회제도를 정비해가면서, 근본적으로는 서민대중을 위해 봉사할 수 있는 품성을 갖춘 인재를 선별하고 육성하는 교육이 필요합니다.

우리가 사교육에 의존하는 것은 공교육에 대한 불만 때문일까?

아니면 내 자식을 교육경쟁의 승자로 만들기 위한 이기적인 몸부림일까?

8장

무엇을 할 것인가

열린 줄 세우기,
적성중심학교로 바꾸어야 한다

애니메이션 〈개구쟁이 스머프〉를 보면 다양한 스머프들이 등장합니다. 요리를 담당하는 욕심이 스머프, 발명가 겸 기술자인 편리 스머프, 마을 식량을 책임지는 농부 스머프, 음악을 좋아하는 하모니 스머프, 스스로 똑똑한 똘똘이 스머프, 화가 스머프 등이 공동체를 이루어 살아갑니다. 여기서는 각자의 사회적 역할에 위계도 없고 특권도 없습니다. 지식인을 상징하는 똘똘이 스머프도 남의 말을 무시하고 잘난 체하다가 곤경에 빠지는 캐릭터로 묘사됩니다. 모든 스머프들이 각자 타고난 소질과 기질에 따라 공동체에 기여하며 삽니다.

우리 학교는 지금 다양한 기질과 소질을 갖고 있는 아이들에게 똑같은 공부만 시키고 있습니다. 좋아하던 말건, 즐겁던 말건 일단 공부를 해야 합니다. 마치 공부하기 위해서 태어난 것처럼! 이렇게 열심히 공부한다고 해서 지성적 능력이 좋아지는 것도 아니고, 사회성이 좋아지는 것도 아니고, 체력이 좋아지는 것도 아닙니다. 똘똘이 스머프에게 절대적으로 유리한 공부만 강조하고 있습니다. 지식기반 사회에서 똘똘이 스머프가 많이 필요하고 중요한 역할을 하긴 하지만 모두가 똘똘이 스머프가 될 수는 없습니다. 다른 스머프가 될 아이들도 모두 똘똘이 스머프가 되겠다며 고생하고 있습니다. 교만한 똘똘이 스머프는 더 큰 사회적 해악이 될 수도 있는 데도요.

우리 학부모와 아이들은 이 거대한 물결을 거스르기가 무척 어렵습니다. 사회적 압력이 너무 강력하기 때문입니다. 다르게 생각하고 다른 길을 찾아가면 이방인이 되기 때문입니다. 표준적인 학생이 아니면 문제아가 되기 때문입니다. 등급이 떨어지면 이 사회에서 낙오될까 봐 불안하기 때문입니다.

이렇게 꽉 막힌 암흑을 어떻게 헤쳐나갈 수 있을까요? 스머프 마을 이야기는 많은 시사점을 주고 있습니다. 사람의 재능은 다양하고 그 다양한 재능은 모두 우리 사회에서 중요한 역할을 한다는 것입니다. 학교는 이런 재능을 길러줘야 합니다. 오직 한 가지 재능, 곧 공부 재능에만 초점을 맞출 수는 없습니다. 아이들 각자의 재능을 살려줄 수 있어야 합니다. 똘똘이 스머프만을 위한 학교는 모두를 불행하게 합니다. 게다가 공부라는 것이 객관식 훈련에만 치중하는 있으니 사실 우리 학교는 똘똘이 스머프도 제대로 길러내지 못하고 있습니다.

교과 성적만 강조하는 닫힌 학교를 다양한 소질과 적성을 키워주는 열린 학교로 바꾸어야 합니다. 공부 중심에서 진로 적성 중심의 학교로 바꾸어야 합니다. 성적이라는 한 줄로 우리 아이들을 줄 세우는 것을 바꾸어야 합니다. 닫힌 성적 경쟁을 열린 줄 세우기로 바꾸어야 합니다. 다양한 아이들의 소질과 적성을 키워주어야 합니다. 리더십, 창의성, 사회적 품성, 기술, 예술, 체육, 인문 지성, 과학 지성 등 각기 다양한 능력을 계발하기 위한 질 높은 프로그램이 제공되어야 합니다. 모든 것을 종합해서 줄 세우는 것이 아니라 각자의 소질 분야에 따라 여러 분야로 모둠지우는 '열린 줄 세우기'가 필요합니다. 이것은 순서를 가리고 승자와 패자를 골라내는 경쟁적 교육이 아니라 각자의 소질과 적성을 찾아주고 도와주는 교육입니다.

정치적 민주주의, 사회 복지적 민주주의, 노동의 민주주의가 성숙해지면 스머프 마을처럼 어떤 직업을 갖던 우리 사회 구성원으로서 적정한 보상과 존중을 받게 될 것입니다. 이런 사회를 만들기 위해서 학교가 학생 각자의 소질과 적성을 찾아주고 그 능력을 신장시켜주는 역할을 제대로 담당해야 합니다. 돈이 있건 없건 상관없이 아이들의 소질과 적성을 최대한 계발할 수 있는 질 높은 공교육이 되어야 합니다. 농부 스머프, 편리 스머프, 화가 스머프 등 어떤 스머프가 되든지 최고의 교육을 받을 수 있는 교육이 공정한 교육입니다.

인재 선발의 패러다임을 바꾸어야 한다

대한민국의 인재는 성적이라는 숫자입니다. 이 숫자가 사회적 지위를 정합니다. 높은 숫자를 따기 위한 경쟁은 그 승패가 정해져 있는 달리기와 같습니다. 돈이 성적이기 때문입니다. 그나마 그 성적이라는 것이 획일적인 객관식 시험의 숫자에 불과합니다. 공정하지도 않고 사회적 가치도 적은 인재 선발의 패러다임을 바꾸어야 합니다.

경쟁의 도구인 성적이 사회적으로 가치가 있어야 합니다. 인간의 지성적 능력을 도야하고, 미래 사회가 요구하는 새로운 능력들을 학습하고, 새로운 방식으로 평가할 수 있어야 합니다. 경쟁을 위한 기회가 실질적으로 공정해야 합니다. 부자건 가난하건 관계없이 타고난 능력과 노력을 통해서 기회의 사다리에 오를 수 있어야 합니다.

인재선발을 위한 경쟁 즉, 학력경쟁의 정점은 대학 입시입니다.

우리 입시는 '만인의 만인에 의한 투쟁'처럼 각 개인 간 치열한 투쟁입니다. 그러한 투쟁 또는 경쟁이 우리 사회 공동체의 발전에 기여하는 유익한 경쟁인지는 부차적이었습니다. 이러한 무한 경쟁이 우리 교육을 피폐하게 만드는 원인으로 지목된 지 오래입니다. 4차산업혁명, AI 시대에 이런 교육을 언제까지나 지속할 수는 없습니다. 이제는 우리 아이들에게 더 큰 교육적 혜택을 주기 위한 지혜를 모아야 합니다. 내 자녀만을 위한 경쟁은 조금씩 양보해야 합니다. 그리하면 내 자녀에게 더 큰 이익으로 돌아옵니다. 더 좋은 교육을 받을 수 있습니다. 시험교육이 아니라 교육다운 교육을 받게 할 수 있습니다.

공동체의 이익을 위해 개인의 이익과 자유를 조금씩은 양보하는 인재선발의 '사회계약'이 필요합니다. 이러한 사회계약을 위한 몇 가지 고려 사항을 고민해봅니다.

첫 번째로 고려해야 할 점은 대학의 자율성입니다. 지금까지의 대학 입시제도의 변화는 정부주도였습니다. 정부주도 대학 입시제도의 특징으로 대학의 자율성 부재, 획일성, 객관주의 등을 들 수 있습니다. 대학은 국가가 정한 규칙에 따라 선발 절차를 운영하는 역할에 불과했습니다. 21세기 대학은 살아남기 위해 변해야 하고 우수한 대학은 세계 수준의 학문적 수월성을 갖추기 위해 치열하게 경쟁해야 합니다. 그런데 대학이 자유롭게 학생을 선발하지 못하고 있는 것은 그 출발부터 발목이 잡혀 있는 것입니다.

두 번째는 21세기 4차산업혁명을 대비하는 인재관을 어떻게 반영할 것인가입니다. 누가 인재이고 누가 일류대학에서 교육받을 자격이 있는가를 정하는 것은 우리 사회의 미래를 결정하는 중요한 과제입니다. 조선시대의 숭문주의적 인재관, 산업시대의 기능주의적 인재관 등은 이제 수정되어야 할 때입니다. 창의혁신적 인재관, 다원주의적 인재관, 민주사회의 리더로서의 인재관이 필요합니다.

세 번째는 사회적 대입제도에 대한 고려입니다. 개인 간 경쟁 관리도 중요하지만, 사회적으로 가치 있는 경쟁을 유도하고 관리하는 것이 더 중요합니다. 개인 간 경쟁은 인정하되 그 경쟁의 결과가 우리 사회의 지성 축적에 도움이 되고, 사회적 품성을 고려할 뿐 아니라, 사회적 격차를 고려한 보정 장치를 함께 고려해야 합니다. 공교육의 결과로서만 경쟁을 하는 진정으로 공정한 경쟁 시스템을 발전시켜가야 합니다. 최대한 공교육의 결과를 반영하고 사교육의 영향력이 제거될 수 있는 선발제도가 필요합니다. 객관식 평가는 최소화되어야 합니다. 사회적 공정성을 위한 적극적인 보정장치도 필요합니다.

다음은 사회적 공정성을 고려한 인재 선발의 사례입니다. 입학사정관제가 정착할 즈음인 20세기 중반에 하버드대학교는 널리 인재를 발굴한다는 차원에서 전국 공립학교에서 1명씩을 선발하려고 노력했습니다. 한 고등학교에서 너무 많은 지원자를 선발하는 것을 억제했습니다. 이렇게 해서 부잣집 자제들이 다니는 유명 사립학교(Academy) 학생들의 입학 기회는 줄어들고 공립 고등학교 학생들의 입학 기회가 크게 확대되었습니다.

엘리트의 사회 계층적 집중에 대한 또 다른 고민으로는 프랑스의 국립행정학교(ENA) 사례가 있습니다. ENA는 엘리트 고급 행정관료 양성 기관으로 치열한 입학경쟁을 거쳐서 선발이 되고 무사히 졸업하면 프랑스의 고위 관료가 됩니다. 프랑스의 많은 정치인과 대통령이 ENA 출신입니다. 명실상부한 국가 통치 엘리트 양성기관이라 할 수 있습니다. 이 학교가 문제가 된 것은 좋은 고등학교를 나온 학생들이 입학생의 대부분을 차지하는데 이들 대부분이 상류층 출신이기 때문입니다. 이러한 계층 편향성을 문제 삼아 마크롱 대통령은 이를 폐지하겠다는 공약을 했습니다.

조선시대 과거제도에서도 초시(初試)에서는 지역 안배를 해 각 지역별로 합격자 수를 배분했습니다. 중앙에서 치러지는 복시(覆試)에서는 실력대로 했으니, 지역 안배와 실력의 균형을 도모한 사례입니다.

만약 서울대학교와 같은 일류대학에서 특정 고등학교 출신의 선발 인원을 스스로 제한한다면 인재의 균형 선발에 큰 효과가 있을 것입니다. 지금보다 더 많은 고등학교에서 일류대학에 진학할 수 있을 것이고, 새로운 입학생들은 지금까지 합격자를 배출하지 못한 소외된 지역의 학생일 가능성이 높습니다.

열린 민주사회의 공교육으로
바꾸어야 한다

공교육은 미래 세대의 교육을 국가가 책임져야 한다는 헌법적인 책무입니다. 근대 공교육은 부자나 가난한 자나, 권력이 있는 자나 없는 자나 모두가 한 교실에서 배워야 한다는 민주공화국의 이상에 기반을 두고 있습니다. 이러한 이상은 우리 헌법에 반영되어 있습니다. 헌법 31조는 능력에 따라 균등하게 교육을 받을 권리를 천명하고 있고, 초등교육과 법률이 정하는 교육을 받게 할 의무를 선언하고 있습니다.

그러나 국가의 역량이 미약해 공교육의 공급이 제한적일 때는 누구나 똑같이 배워야 한다는 이상은 실현되지 못했습니다. 해방 이후 열악한 상황에서 우리 공교육의 공급은 충분하지 못했습니다. 모두가 고등학교나 대학에 진학할 수 없었습니다. 이때 헌법 31조의

'능력에 따라'는 학력에 의한 선발을 정당화하는 근거로 활용되었습니다.

국가 역량의 성장으로 고등학교까지 무상교육을 실현하고 있습니다. 보편적 기회확대는 이루었지만 '균등하게'보다는 '능력에 따라'가 여전히 강조되고 있습니다. 이런저런 고등학교 유형을 만들어 '능력에 따라' 선발을 하고 그들에게만 특별한 교육 기회를 제공하고 있습니다. 대학교육 역시 '능력에 따라' 선발하고 있습니다. 그러나 이 '능력에 따라'는 실제로 '재력에 따라'가 되고 있습니다. 소득 수준에 따른 교육 양극화는 우리의 현실입니다. 상류층은 질 높은 고등교육을 받을 가능성이 높지만 서민 대중의 자녀들은 그러한 기회가 적어지고 있습니다.

이러한 여러 한계를 극복하고 우리 헌법이 보장하는 공교육의 이상을 실현하기 위해서는 모든 국민에게 민주시민으로 살아갈 기본적인 교육을 제공하고, 나아가 일정 수준의 대학교육도 '권리'가 되어야 합니다.

고등학교까지는 의무 무상교육으로 하고 모두가 양질의 공교육을 받을 수 있는 제도적, 재정적 여건을 마련해야 합니다. 농촌·어촌이나 도시 지역이나 어디에 살던, 경제적인 사정이 어떻든 사교육에 의존하지 않고도 좋은 교육을 받을 수 있도록 해야 합니다. 학부모의 다양한 교육적 욕구를 수용하고 아이들의 진로 적성의 발견과 도야를 위한 충분한 여건을 갖춘 학교를 만들어야 합니다. 고등학교까지 국가가 제공해야 하는 학교 교육의 질에 대한 기준점을 설정하는 것도 좋은 방법입니다. 최소한의 기준을 설정하는 것이 아니라 바람직한 공교육의 목표치를 설정하는 것입니다. 이를 통해 하향식 균등이 아니라 상향식 균등을 통해서 공교육의 수준을 높여나가야 합니다.

대학교육은 적어도 2년간은 등록금을 걱정하지 않고 다닐 수 있도록 지원해야 합니다. 전문대학은 무상, 4년제 대학은 2년 무상으로 하면 됩니다. 민주시민으로서 최소한의 고등교육 이수 기회를 갖도록 합니다. 4차산업혁명 시대에 직업세계의 다양한 변화에 적응할 수 있는 역량을 키우기 위함입니다. 우선적으로 지방의 국립대학부터 전면 무상교육을 실시하는 것도 대안이 될 수 있습니다.

고등학교까지는 모두에게 질 높은 공교육을 제공하고, 원하는 사람에게는 최소 2년간의 무상 고등교육을 제공하는 것이 21세기 대한민국이 추구해 나가야할 공교육의 이상이 되어야 합니다. 우리 헌법에 고등학교까지 의무교육을 그리고 일정 수준의 대학교육도 국가가 보장하도록 규정하도록 적극 고려해야 합니다.

학부모의 결단으로 바꿀 수 있다

거대한 사회적 물결을 혼자 거스르기는 어렵습니다. 성적이 이렇게 중요한 사회에서 내 자식만 공부를 안 할 수 없기 때문입니다. 공부라는 게 결국 사교육이니 사교육이라는 소용돌이에서 빠져나오기가 어렵습니다. 문제는 그렇게 사교육을 열심히 해도 내 자녀가 성적경쟁의 패자가 될 수 있다는 것입니다. 사실은 대부분이 패자입니다. 만족하고 위로하고 그런 것이지요. 그렇지 않습니까? 대학을 잘 갔던 못 갔던 사랑하는 자녀니까요.

우리 학부모들이 힘든 이유는 학벌 경쟁의 패자가 당할 사회적 손실이 너무 크다고 생각하기 때문입니다. 사회적 위계에 따라 약자를 무시하고 차별한 경험이 많은 학부모일수록 패자가 되는 것을 더욱 두려워합니다. '공부 못하니 배달이나 하지!' 하고 남의 자식에

향했던 손가락이 내 자식에게 오는 것이 두렵기 때문입니다. 내가 그랬던 것처럼 다른 사람들도 내 자식을 함부로 대할 것을 잘 알기 때문입니다. 남의 자식에게 손가락질 한 것이 내 자식에게 돌아오는 것입니다. 이제 남의 자식을 향한 손가락을 거두어야 합니다.

모두가 학벌경쟁, 지위경쟁의 승자가 될 수는 없습니다. 대부분이 패자입니다. 대학 입시 경쟁에서 패자가 된 원인은 학생에 있을까요? 아니면 부모에 있을까요? 부모에 있습니다. 부모가 돈이 없기 때문에 사교육 경쟁에서 밀린 것입니다. 사는 곳이 강남이 아니기 때문입니다. 결과적으로 어쩌다 있을 법한 '용' 꿈을 꾸며 뻔히 패배가 보이는 경쟁에 우리 아이들을 밀어 넣고 있는 것입니다.

그럼 부자가 아닌 부모는 경쟁을 포기해야 할까요? 포기하는 원인이 무엇인가에 달려 있습니다. 남을 앞서는 경쟁, 객관식 성적경쟁, 학벌경쟁은 포기할 수 있습니다. 그러나 아이들의 성품, 자존감, 잠재된 역량, 자아실현 욕구, 민주시민 의식, 대한민국 국민으로서의 자부심 등은 포기할 수 없습니다. 이러한 가치는 현재의 경쟁교육으로는 얻을 수 없습니다.

어떻게 이런 경쟁교육의 물줄기를 바꾸고 새로운 교육의 물줄기를 만들 수 있을까요? 학부모의 새로운 교육에 대한 신념과 결단이 필요합니다. 학부모가 새로운 '교육신념'을 갖게 되면 이것이 하나둘씩 모여서 교육을 바꾸는 힘이 될 수 있습니다. 열린사회의 공정한 경쟁을 만들 수 있습니다. 공교육에 의한 경쟁, 각자의 소질과 적성을 찾아가는 경쟁, 승패가 없는 경쟁입니다. 교육다운 교육입니다. 아이들이 성장하는 교육입니다. 내 자식만 승리하는 교육에서 모두의 자식이 함께 승리하는 교육을 만들 수 있습니다. 학부모의 의지는 정부를 움직일 수 있습니다. 획기적인 공교육 투자, 수업과 평가의 혁신, 지리적·계층적 교육격차 해소, 교육복지 강화를 가져올 수 있습니다. 부모도 아이도 행복할 수 있습니다.

학부모의 참여로 바꿀 수 있다

　우리 교육에 대해 학부모들이 무력감을 느끼는 이유는 학부모들이 자녀 교육에 대해 부딪히는 현실 또는 생각이 교육당국과 괴리가 크기 때문입니다. 자녀 교육에 대한 절실한 마음을 귀담아 들어주는 통로가 없기 때문입니다. 국가는 교육정책을 툭 던지고 학부모들은 바뀐 제도에 알아서 적응해왔습니다.

　이제 우리 시민사회는 성숙해져 가고 있고 학부모들의 교육에 대한 참여 역량은 매우 높습니다. 학부모들의 참여는 개개인의 교육적 욕구를 넘어 공동체를 위한 교육적 가치를 실현하는 데 꼭 필요합니다. 학부모의 적극적인 참여는 교육을 개인적인 문제에서 사회적인 문제로 확장하고 논의의 지평을 넓히는 데 기여하게 됩니다. 우리 교육제도를 발전시켜나가는 데 공감대 형성과 다양성을 확보하는 데 크게 기여할 것입니다.

일차적인 참여는 학교운영위원회입니다. 학교운영위원회에서는 우리 자녀가 다니는 학교의 중요 정책결정에 직접 참여합니다. 학교예산, 교육프로그램, 교과서 선택도 학교운영위원회에서 결정합니다. 학교의 변화를 바라는 학부모들은 적극적으로 참여해야 합니다.

단위 학교를 넘어서는 시·도 단위의 교육정책은 교육감이 결정합니다. 교육감은 학부모가 직접 선출합니다. 다수 주민의 지지를 받는 대표자가 교육정책을 결정하게 됩니다. 교육감 선거에 적극적으로 참여하는 것은 우리 아이들 교육에 큰 영향을 미치는 중요한 일입니다.

그러나 교육감만으로는 다양한 학부모의 교육적 요구를 수용하는 데 한계가 있습니다. 우리 사회의 교육적 요구는 다양한데 교육감의 교육적 지향점에 전체 시·도의 교육이 움직인다는 것은 또 다른 획일적 교육행정입니다. 이를 보완하기 위한 제도가 '교육위원회'였습니다. 보다 많은 사람이 주민을 대표해 교육정책 결정에 참여하는 것입니다. 각기 다른 입장을 갖고 있는 학부모들을 대변할 교육위원회의 존재는 민주주의적 교육행정의 핵심적인 제도입니다.

주민 또는 학부모가 교육정책에 참여하는 것을 '교육자치제'라고 합니다. 우리 교육은 교육부를 정점으로 하는 관치에 익숙해져 있습니다. 시·도에서는 교육감에 의한 교육정책의 주도성이 강합니다. 그렇다고 전체 주민이나 학부모가 다 참여할 수는 없습니다. 그래서 '교육위원회'라는 대표를 선출하는 것입니다. 교육위원회를 통해 다양성을 보장하고 교육을 둘러싼 갈등을 조정하고 조율하는 제도입니다. 교육에 관해 주민을 대표하는 교육위원회제도는 그러나 불행히도 2014년에 폐지되었습니다. 지금은 시·도 의회에 교육상임위를 두고 있으나 일반자치단체 의원으로 구성되어 있어 교육에 대한 주민 대표성은 약합니다. 우리 교육의 참여와 민주성 강화를 위해서는 학부모의 다양한 교육적 요구를 전할 통로가 필요합니다. 따라서 학교에 학교운영위원회가 있듯이 시·도 단위에도 교육위원회가 있어야 합니다. 국가 단위에 국가교육위원회를 두는 것과 일맥상통합니다.

시민단체 중에 학부모를 대표하는 단체가 많이 있습니다. 이 단체들의 활발한 활동도 우리 교육정책 형성에 많은 영향을 줄 것입니다. 학부모의 목소리를 적극적으로 낼 수 있는 통로이기도 합니다.

학부모의 교육적 요구는 다양합니다. 이런 다양한 요구가 사회적 여론 형성 과정을 거쳐 공적인 통로를 통해 그 방향이 정해집니다. 그 과정에서 학부모의 참여가 많을수록 정책에 대한 갈등 조정과 신뢰도는 높아갈 것입니다.

학부모의 신뢰로 바꿀 수 있다

　우리 학부모들은 우선 당장 급하니 공교육보다는 사교육을 선택합니다. 이것은 목이 마를 때 바닷물을 마시는 것과 같이 갈증을 해결할 수 없습니다. 어쩔 수 없이 경쟁에 내몰린다 해도 좋은 학교, 좋은 공교육에 대한 요구는 지속되어야 합니다.

　상상을 해보세요, 공교육이 없이 사적 교육만 있는 상황을요. 부자는 더 많은 돈을 주고서라도 더 좋은 교육 기회를 독점하게 되고, 형편이 어려운 사람은 값싼 학교에 다닐 수밖에 없게 됩니다. 공교육은 근대국가 성립 이후에 국가의 핵심 제도로 발전해왔습니다. 그 이유는 순수하게 사적인 교육만 주어진다면 귀족과 부자만이 양질의 교육을 받게 되는 신분제 사회가 되기 때문입니다. 진정한 민주공화국이 성립할 수 없습니다. 공교육과 민주공화국은 떼려야 뗄 수 없는 관계입니다.

　문제는 공교육의 질은 평균적인 경제·사회적 수준을 반영하기 때문에 그 이상의 높은 수준을 요구하는 중·상류층의 불만을 사게 됩니다. 이들 계층은 교육적 욕구가 충족되지 않기 때문에 공교육을 불신하게 됩니다. 기꺼이 돈을 더 내고 좋은 교육을 시킬 능력이 있는데, 국가가 막는 꼴이니 당연히 불만입니다. 질 낮은 공교육을 비난하며 찾는 것이 사교육입니다.

　공교육 불신에 대한 책임은 전적으로 평균적인 교육을 제공하면서도 큰 혜택을 주는 것처럼 행세하는 국가에 있습니다. 공교육에 대한 학부모의 신뢰는 국가가 해야 할 일을 다 할 때 얻을 수 있습니다. 신뢰를 강요할 수는 없습니다. 내 자녀에게 좋은 교육을 받게 하고 싶은 것은 모든 부모의 똑같은 마음이기 때문입니다. 이를 충족시켜 주는 것이 진정한 국가의 역할입니다. 따라서 공교육의 수준을 상류층이 만족할 수 있는 수준까지 끌어올려야 합니다. 계층과 관계없이 공교육을 신뢰하고 아이를 맡길 수 있어야 합니다. 교육제도, 교사의 전문성, 교육 프로그램, 학교시설, 교육행정 체제 등 모든 것을 최고 수준으로 높여야 합니다.

　아직 우리 공교육의 갈 길이 멀다 해도 학부모의 신뢰는 필요합니다. 공교육은 우리 민주사회의 뿌리이기 때문입니다. 모든 아이들이 다니는 학교이기 때문입니다. 학부모의 신뢰가 있어야 우리 아이들 한 명 한 명이 갖고 있는 달란트를 찾아가고 계발시킬 수 있는 좋은 학교를 만들어갈 수 있습니다. 학교는 우리의 미래 세대가 친구들을 만나고, 부대끼고, 운동도 하고, 동아리 활동도 하고, 공부도 하는 유일한 곳입니다. 부자든 가난한 이든, 권력이 있건 없든, 예술에, 과학에, 문학에, 건축에, 패션에, 각종 기술에, 스포츠에 소질이 있다면 공교육에서 충분히 자신의 역량을 계발할 수 있어야 합니다. 제2의 가정처럼 학교는 아이들을 사회적으로 양육하는 기관으로 거듭나야 합니다.

사랑스런 우리 아이들이 타고난 소질대로 이 사회에 기여하며 특권과 권력을 좇지 않아도 행복하게 살 수 있는 공교육을 만들어 가는 것은 학부모의 결단과 참여 그리고 신뢰에 달려 있습니다.

교육이 사회를 바꿀 수 있다

　　교육을 통해 사회를 바꿀 수 있는가? 근대 공교육 설계자들은 교육을 통해 사회를 계몽할 수 있다고 보았습니다. 교양 교육과, 사회적 윤리 교육을 통해서 민주주의를 지키는 시민을 양성하는 것을 공교육의 이상으로 삼았습니다. 우리의 예를 들면 구한말 그리고 일제강점기 시대에 민족 선각자들은 신식교육을 통해 민족의식과 독립정신을 고취하기 위해 노력했고 많은 성과도 있었습니다.

　　오늘날 학교는 미래 사회에 대한 비전보다는 교육 그 자체가 개혁의 대상이 되고 있습니다. 사회를 바꾸는 동력은커녕 사회적 문제를 고스란히 재생산하는 역할을 하고 있습니다. 그래서 20세기 들어와서 '학교는 죽었다'라고 비판을 받기도 합니다.

　　우리 교육문제의 원천은 사회문제입니다. 소득의 불평등, 지역

간·계층간 격차, 노동의 위계, 학벌에 의한 특권의 형성 등의 사회 문제가 고스란히 학교로 들어온 것입니다. 교육문제의 해결이 쉽지 않은 이유입니다. 비관적인 결론은 교육은 그 자체로 독자성을 갖지 못하기 때문에 스스로 변화할 수 없다고 봅니다. 더군다나 이런 교육이 사회를 변화시킬 수는 없겠지요.

그러나 학교도 사회제도의 하나이므로 크던 작던 학교의 변화가 일어나면 알게 모르게 우리 사회의 변화를 가져올 수 있습니다. 예를 들면, 객관식 평가 대신에 토론과 논술 중심의 학습과 평가로 바뀌면 지식에 대한 관점, 인재에 대한 관점이 달라집니다. 대학 입시제도만 바뀌어도 우리 사회에 끼치는 영향력은 매우 클 것입니다. 우리 사회는 교육의 사회적 영향력이 매우 크기 때문에 교육제도의 혁신을 통해서 사회적 변화를 가져올 수 있는 가능성이 매우 높습니다. 수백만 청소년들이 다니는 학교제도의 작은 변화도 우리 사회에 큰 영향을 미칠 수 있습니다.

학교가 사회 변화를 촉발하기 위해서는 학교 교육의 수준이 사적 격차를 상쇄할 만큼 충분한 수준에 도달해야 합니다. 학생 개개인이 갖고 있는 사회·경제적 차이를 느끼지 못할 만큼 충분한 교육적 여건이 갖추어 진다면 순전히 각 개인의 타고난 역량과 노력에 의한 경쟁이 이루어질 것입니다. 예술가, 과학자, 의사, 교수, 변호사 등의 자질은 모든 계층에 고루 분포되어 있고, 오히려 다수 서민대중의 자녀들에게 더 많이 분포되어 있다고 보아야 합니다. 이런 역량들이 교육을 통해서 차별 없이 발휘될 수 있다면 계층 간 격차는 크게 줄어들 것입니다. 따라서 계층 격차를 줄이기 위한 사회복지적 소득재분배도 당연히 중요하지만, 공교육의 질을 획기적으로 높이는 것이 사회적 정의를 실현하는 데 근본적이고 공정한 처방입니다.

그런데 이런 변화가 쉽게 일어나지 못하는 이유는 변화의 두려움 때문입니다. 교육의 변화는 그 자체로 불안을 야기합니다. 불확실한 길을 가야 하기 때문입니다. 경쟁의 유·불리가 예측하기 어려워지기 때문입니다. 미숙한 제도의 설계와 운영은 혼란을 초래하기도 합니다.

또 하나의 장애는 기득권층의 강한 저항입니다. 우리 사회에서 기득권층이 선호하는 것은 성적주의입니다. 성적은 객관적이고 공정하니 성적대로만 하자는 주장입니다. 자사고, 특목고, 그리고 소위 일류 대학을 위한 경쟁이 모두 정당화됩니다. 왜냐하면, 누구나 성적 경쟁을 통해 실력대로 입학할 수 있다고 보기 때문입니다. 기득권층이 이러한 방식을 선호하는 이유는 사교육이라는 투자효과를 신뢰하기 때문이고 사교육 투자에 우위에 있기 때문입니다. 기득권층에 유리하기 때문입니다. 기득권층에 불리한 대입제도는 엄청난 저항을 가져옵니다. 황금능력주의를 깨뜨리는 것은 쉽지 않은 일입니다.

사회가 바뀌면 당연히 교육은 바뀝니다. 소득의 불평등, 지역 간·계층간 삶의 격차, 노동의 위계, 학벌에 의한 특권이 없다면 성적 경쟁도 없습니다. 학교는 학생 하나하나의 소질과 적성에 따라 미래를 준비시키는 역할을 하게 될 것입니다. 몇몇 분야에는 여전히 경쟁이 있겠지만 패자는 자신의 능력에 맞는 분야를 찾아가면 행복할 것입니다. 성적 경쟁의 승패가 사회적 승패가 아니기 때문입니다.

그러나 이렇게 당위를 말하기에는 사회 변혁은 아직 요원합니다. 결국 교육 자체를 변화시키는 노력이 중요합니다. 변화를 수용할 수 있는 정교한 정책의 설계, 학교 현장의 개혁 의지, 기득권층의 가짜 공정 논리를 깨뜨리는 서민대중의 인식전환과 강한 지지가 필요합니다.

소득의 불평등, 지역간·계층간 삶의 격차, 노동의 위계와 같은 사회적 문제들은 사회적으로 공정한 교육을 통해서 완화해갈 수 있습니다. 평등한 사회는 사회적 강제나 정치적 억압으로 달성할 수 없습니다. 질 높은 공교육으로 이루어갈 수 있습니다.

4차산업혁명의 물결, AI와 같은 테크놀로지의 발전 등과 같은 사회적 격동은 새로운 교육을 요구하고 있습니다. 산업시대의 대량 생산체계를 모델로 한 성적이라는 숫자의 생산성을 강조하는 학교는 그 수명이 다해가고 있습니다.

우리 사회의 미래는 학생 개개인의 잠재 역량을 발현시킬 수 있는 다양하고 질 높은 학습경험을 제공하고, 교사 중심의 학습과 평가 시스템을 혁신하고, 단순 암기 위주에서 지성적 사고력과 비판력을 기를 수 있는 학습내용의 혁신을 도모하고, 성적 위주의 한 줄로 줄 세우기 대신에 진로와 적성에 따른 다원적 인재의 발굴이라는 진로 적성 중심의 선발제도를 도입하고, 사회적 약자를 위한 교육복지에 충실한 학교를 만들어 갈 수 있느냐에 달려 있습니다.

아이들을 위한 학교를 만들 수 있다

　길동이는 가정 형편이 아주 어렵습니다. 기초수급과 차상위 등급을 왔다 갔다 합니다. 길동이는 학교를 아주 좋아합니다. 공부는 사실 잘 하지 못합니다. 어려운 수학은 수학 전문교과 선생님이 도와줍니다. 점심시간이나 방과후에 어려운 부분을 따로 설명해주시는 덕분에 웬만큼은 따라갑니다. 길동이가 좋아하는 것은 미술입니다. 디자인에도 관심이 많습니다. 미술 자료실에는 세계 여러 나라 박물관의 화보집들이 많습니다. 물론 인터넷에서 찾아봅니다. 유명 디자인 작품들도 볼 수 있습니다. 미술실은 디자인실, 도자기실, 서양화실, 동양화실, 작품 전시실 등이 있습니다. 소규모 작업실도 여러 개 있습니다. 컴퓨터그래픽실도 있습니다. 미술을 담당하는 선생님이 다섯 분이나 됩니다. 길동이는 매 학기 2개의 미술 분야 과목을 선택해 듣고 있습니다. 수능에서는 선택과목으로 미술사를 준비할 것입니다. 당연히 미대 진학이 꿈입니다. 매 학기 미술 과목을 이수하면서 만든 길동이의 작품은 모두 포트폴리오로 미대 진학에 활용됩니다. 학교에 풍부한 실습 여건과 선생님이 계시니 굳이 미술학원에는 가지 않습니다. 갈 필요도 없습니다. 사용하는 미술관련 소모품은 모두 학교에서 제공해줍니다. 방과후 활동은 근처 마을의 벽화를 그리는 봉사활동을 주로 합니다. 실습도 되고 보람도 느끼는 일석이조입니다. 국립대학에 진학하면 등록금이 없으니 가정형편이 어렵긴 하지만 학비 걱정은 하지 않습니다. 세계적인 디자이너가 꿈이고 그 꿈을 이루는 데 학교에서 열심히 하면 된다는 당연한 생각을 갖고 있습니다.

시연이는 특별한 장래 희망이 없었습니다. 그럭저럭 고등학교에 진학했습니다. 생물 시간에 붕어를 해부하는 실험을 했습니다. 처음 해보는 일이긴 하지만 너무 재미있고 집중이 되었습니다. 물론 메타버스 방식을 사용한 가상의 실험입니다. 다양한 실험과 생명 현상을 관찰하는 생물 시간이 너무 기다려집니다. 그래서 시연이는 매 학기마다 생물 관련 과목을 선택합니다. 진화론, 분자생물학, 동물학, 식물학 등이 대표적입니다. 수의사가 되는 꿈을 갖게 되었습니다. 목표가 생기자 필요한 공부를 열심히 하게 됩니다. 생물학뿐만 아니라 수학, 화학 등의 과목도 집중적으로 선택해 이수합니다. 과학 과목은 대부분 실험이 주가 됩니다. 직접 하는 실험도 있고 메타버스를 활용한 실험도 있습니다. 위험하거나 생명을 다루는 실험은 메타버스를 활용합니다. 실험한 결과를 정리해 포트폴리오를 만들어 갑니다. 특히 동물 실험에서 생각난 아이디어들을 정리해 훗날 연구하고 싶은 주제로 삼고 있습니다. 금요일 오후에는 근처 대학의 수의학과를 방문해 동물 치료나 수술을 참관하는 기회를 갖습니다. 여름방학 때는 대학생 선배들의 농촌 봉사활동을 따라갑니다. 아픈 소나 돼지 등을 치료해주는 활동을 합니다. 아직은 뒷다리나 잡아주는 정도지만 뿌듯합니다. 시연이는 지역의 국립대학에 진학할 생각을 갖고 있습니다. 구태여 서울에 있는 대학에 진학할 필요를 느끼지 못합니다. 농촌에 가까운 지역에서 더 배울 것이 많다는 생각에서입니다.

예나는 생각이 많은 아이입니다. 하고 싶은 것은 많지만 그렇다고 열심히 하는 것은 없습니다. 학교 공부도 큰 흥미가 없습니다. 어느 날 선생님과 상담을 했습니다. 선생님께서 한 학기 동안 자기주도 학습을 권하셨습니다. 고교학점제로 도입된 자기주도 학습 프로그램으로 여행을 하던 독서를 하든, 뭐든지 한 학기 동안 하고 싶은 일을 하고 그 결과를 보고서로 제출하면 학점을 딸 수 있습니다. 나머지 필요한 학점은 방학 때 딸 수 있습니다. 막연하게 작가의 꿈이 있는 예나는 전국의 작가들을 찾아다니기로 했습니다. 요즘은 지역에 정착하는 작가들이 많습니다. 매주 한 분씩 약 15명의 작가를 찾아가서 이야기를 나누고 이를 정리하는 계획을 마련했고 선생님의 승낙을 받았습니다.

서윤이는 시골에 살고 있습니다. 아버지가 귀농을 해 농촌에 정착하게 된 것입니다. 아버지의 귀농 결정에는 학교도 큰 역할을 했습니다. 서윤이의 초등학교는 생활형 학교로 학교가 마치 집과 같이 생겼습니다. 나무 재질로 지어졌고 10여 개의 방을 갖고 있는 서양식 저택 같은 분위기입니다. 10여 분의 선생님이 있는데 그중 두 분은 학교에서 기거를 하십니다. 도서실과 교실은 편안한 가정집 거실과 서재 같은 분위기입니다. 아이들은 책상에 줄 맞추어 앉아 있는 대신에 각자 편안한 소파에 앉아서 공부를 합니다. 공부는 태블릿 PC를 주로 활용하기 때문에 딱딱한 책상에 하루 종일 앉아 있을 필요가 없습니다. 물론 모둠 학습을 위한 큰 테이블 등도 갖추어 있습니다. 수업은 독서와, 토론 그리고 자연 활동을 강조합니다. 근처에 귀촌한 여러 전문가들이 방과후 활동에 참여하고 있습니다. 외교관 생활을 하다가 은퇴하신 방과후 선생님의 외국 이야기에 아이들은 시간 가는 줄 모릅니다. 수업 이외에 60여 명의 아이들을 세심하게 돌봐주는 행복 선생님이 계십니다. 교육복지사가 정식 명칭입니다. 농촌에는 부모가 도시로 일을 나가 조부모하고 사는 아이들도 많습니다. 형편이 어려운 아이들도 많습니다. 행복 선생님은 오랫동안 아이들과 함께하며 아이들을 한 명 한 명 돌보는 역할을 합니다. 서윤이네 학교는 사실상 가정과 마찬가지입니다. 잠만 집에서 자는 것입니다. 어려운 학생 몇몇은 아침과 저녁도 선생님과 함께 학교에서 먹습니다.

시후네 학교는 메타버스를 구현하기 위해 새롭게 지어졌습니다.

교실 벽면은 모두 터치스크린으로 되어 있고, 학생들은 모두 인터넷 접속이 가능한 태블릿 PC를 갖고 있습니다. 교과서나 칠판은 볼 수가 없습니다. 모든 수업 자료는 터치스크린을 터치만 하면 찾아볼 수 있습니다. 그렇다고 컴퓨터 놀이만 하는 것은 아닙니다. 이 학교의 가장 큰 교육의 중점은 독서, 체험 그리고 토론을 통한 사고력과 창의력 배양에 있습니다. 터치스크린을 통해 알게 된 사실의 의미, 관계, 활용 등에 대한 자신의 생각과 입장을 정리해 글을 쓰고 발표하는 것이 주된 활동입니다. 외우는 공부는 강조하지 않습니다. 암기지식을 전달하는 수업은 거의 없고, 대신에 글을 읽고 쓰고, 토론하는 활동을 주로 합니다. 주된 평가는 토론 참여와 에세이 평가입니다. 체험도 중시되는데 직접 체험할 수 없는 상황은 메타버스로 해결합니다. 이순신 장군이 활약했던 명량해전의 대장선에 탑승해 당시 전쟁의 의미에 대해 생각해 보기도 하고, 프랑스 혁명의 〈인권선언문〉을 낭독하는 현장에 가서 왕정을 타파하고 공화정을 수립하기 위한 혁명의 의미를 생각해보게 됩니다. 가상 세계를 통해 체험의 폭을 넓힐 뿐 아니라, 현재의 세계를 이해하기 위해서 지역사회에 대한 탐구활동을 중요시합니다. 졸업 때까지 지역사회에서 20명의 다양한 직업군에 있는 사람들을 인터뷰해 보고서를 제출해야 합니다. 학교에는 캠핑 주간이 있습니다. 10명씩 조를 짜서 전국 각지의 캠핑장에서 3박 4일 정도 캠핑을 갑니다. 등산, 둘레길 걷기, 래프팅 등 다양한 야외 활동을 하는 시간입니다.

사람답게 살기 위해 하는 공부가 우리 아이들을 옥죄고 사람답지 못한 삶을 강요하고 있습니다. 공부가 전 국민을 갈라치고, 등급을 매기고, 차별하는 무기가 되었습니다. 어른도 아이도 공부 잘하는 자와 못하는 자로 나누어집니다. 공부가 사회적 투쟁이 되었습니다. 공부 투쟁의 승자는 돈, 명예, 사랑, 인품을 얻게 됩니다. 패자는 '이생망('이번 생은 망했어'를 줄여 부르는 신조어)'의 절망을 마주해야 합니다.

    아이들은 성적을 향해 내달리는 경쟁, 남을 이기는 경쟁에 내몰리고 있습니다. 이유도 알기 전에 지지 않기 위해서는 무조건 달려야 합니다. 남보다 더 높은 등급으로 올라가야 합니다.

    그나마 공부 투쟁은 부자에게 더 유리합니다. 투쟁의 무기가 학교 공부가 아니라 사교육이기 때문입니다. 얼마만큼 돈을 들여 더 좋은 사교육 무기를 장착하느냐에 따라 승패가 갈립니다.

학부모도 그렇게 열심히 달려서 승자 또는 패자가 되었습니다. 승자인 학부모는 패자가 되지 않기 위해서, 패자인 학부모는 다시 패자가 되지 않기 위해서, 아이를 이런 고통의 소용돌이에 밀어 넣을 수밖에 없습니다. 뭔가 이상하다고, 뭔가 잘못되었다고 느끼지만, 아이들이 힘들어 하는 것을 알지만, 어쩔 수 없는 일입니다.

이 곤고한 수렁에서 어떻게 빠져나올 수 있을까요? 언제까지 대한민국의 교육이 이래야 할까요? 이렇게 계속갈 수는 없지 않나요? 뭔가를 바꿔보는 노력들이 있어야 하지 않을까요?

지금까지 교육개혁의 주도성은 정부에서 나왔습니다. 개발도상국 시절에는 어느 정도 성공을 거두기도 했습니다. 정부는 개혁을 하고 학부모는 무조건 따라야만 했습니다. 지금 우리는 세계 10위의 경제대국이고 국제적으로 인정받는 선진국 대열에 들어섰습니다. 4차 산업혁명, AI 시대가 오고 있습니다. 다시 한번 교육이 바뀌어야 하는 시점에 있습니다. 위기이지만 기회이기도 합니다. 이 기회의 주인공은 이제 학부모가 되어야 합니다. 학부모들이 우리 교육을 바꾸고 나아가 공부 투쟁의 역사를 끝내야 합니다. 이 고통의 소용돌이를 벗어나야겠다는 의지는 부모의 자식 사랑에서 나올 수밖에 없기 때문입니다. 우리 아이들을 더 이상 이런 고통에 있게 해서는 안 된다는 부모의 사랑과 비통한 마음이 변혁의 원동력이 되어야 합니다.

이렇게 모여진 학부모의 의지는 우리 사회의 의지가 되어 교육

정책에 영향을 미치고 우리 교육을 바꿀 수 있습니다. 공부 투쟁, 교육 투쟁 대신에 아이들이 성장하는 제대로 된 교육을 요구할 수 있습니다. 핀란드 교육, 스웨덴 교육, 독일 교육, 많은 경우 유학까지 보내는 미국 교육을 부러워합니다. 우리라고 이런 교육을 왜 만들지 못하겠습니까? 우리도 좋은 학교, 좋은 교육을 만들어갈 수 있는 충분한 역량이 있습니다.

이러한 변혁의 단초가 고교학점제입니다. 우리 교육의 대변혁입니다. 고교학점제가 선진국의 모델이어서가 아니라, 학생들이 다양한 선택권을 갖고 자신의 소질과 적성을 충분히 발휘할 수 있는 좋은 교육을 받아야 한다는 점에서 필요한 개혁입니다. 꼭 고교학점제가 아니더라도 학생들을 위한 학교, 차별이 없는 학교, 공정하고 질 높은 공교육은 필요합니다.

대학 입시는 모두의 관심사입니다. 교육변혁의 키스톤입니다. 언제까지 객관식 평가와 줄 세우기로 미래 인재를 선발할 것인지, 우리 사회의 고민과 결단이 필요합니다. 빠르면 빠를수록 미래를 더 잘 준비하는 것입니다. 사람답게 살 만한 사회를 이루고 있는 국가 중에 우리처럼 이렇게 잔인하게 모든 학생들을 줄 세우는 교육과 평가를 하는 나라가 있나요? 미래를 위한, 우리 아들과 딸들을 위해 바람직한 선발제도 역시 학부모의 의지로 만들어가야 합니다.

학부모의 '교육신념'이 희망입니다. 우리도 유대인 부모 못지 않은 교육열이 있습니다. 다만 그 교육열이 경쟁의 교육열이라는 데 차이가 있습니다. 똑똑한 아이를 키우느냐, 성적만 좋은 아이로 키우느냐의 차이일 것입니다. 이제 우리도 아이들의 성장을 위한 교육열이 필요합니다. 교양 있고, 매너 좋고, 악기 하나 다룰 줄 알고, 스포츠 한 종목을 즐기고, 자기 뜻과 생각이 분명하고 성실하게 살아가는 멋진 인간으로 기르고 싶지 않나요? 우리도 '공부 잘해라' 또는 '1등 해라'를 넘어서는 무언가를 아이들에게 이야기할 수 있습니다. 진정한 자녀 사랑의 길, 성공의 길을 이야기할 수 있습니다.

이 책은 학부모의 '교육신념'을 위한 작은 제언입니다. 자녀를 둔 독자들이 한 번쯤은 고민하는 문제들을 이야기하고, 어떠한 교육을 만들어 가야 할 것인지를 생각하고 토론하는 기회가 되길 바라는 마음입니다.

'작은 물방울이 바위를 뚫는다'고 합니다. 학부모의 마음 하나하나가 모이면 언젠가는 이 지긋지긋한 사슬을 끊어낼 수 있을 것입니다. 이 책 역시 이런 작은 물방울의 하나가 되기를 바랍니다.

앞으로 독자들과 많은 이야기를 나누기 위해 카페를 개설했습니다. http://cafe.naver.com/myparents에서 많은 학부모들이 공감과 위로와 희망을 나눌 수 있기를 바랍니다.

대한민국에서 자식 키우는 보람과 어려움을 들려주신 여러 학부모님들께 감사드립니다.

꼼꼼하게 원고를 검토해준 오지은 학부모에게 특별한 감사를 드립니다. 학부모로서 '내가 할 수 있는 것이 무엇인지?'라는 질문을 주었고, 이에 대한 답을 고민하지 않을 수 없었습니다. 앞으로 학부모 여러분들의 지혜를 모아 찾아갈 수 있다고 생각합니다.

추천의 말씀을 주신 이영민 소장님, 이도경 기자님께 깊은 감사의 말씀을 드립니다.

《개천의 용, 공정한 교육은 가능한가》에 이어 두 번째 출판을 맡아주신 공명 출판사의 김현숙, 김현정 두 대표님께 깊이 감사드립니다.

박성수

대한민국에서
학부모로 산다는 것

초판 1쇄 발행 2022년 8월 15일

지은이 박성수
펴낸이 김현숙 김현정
디자인 **표지** 디자인봄바람 | **본문** 이은아
펴낸곳 공명
출판등록 2011년 10월 4일 제25100-2012-000039호
주소 03925 서울시 마포구 월드컵북로 402, KGIT센터 925A호
전화 02-3153-1378 | **팩스** 02-6007-9858
이메일 gongmyoung@hanmail.net
블로그 http://blog.naver.com/gongmyoung1
ISBN 978-89-97870-66-0 03370

본문 이미지 StonePictures/shutterstock.com | Romanova Ekaterina/shutterstock.com
무료글꼴 Mapo 금빛나루, Mapo 꽃섬체